O HOMEM MOISÉS
E A RELIGIÃO MONOTEÍSTA

PARA LER FREUD
Organização de Nina Saroldi

O HOMEM MOISÉS E A RELIGIÃO MONOTEÍSTA – TRÊS ENSAIOS
O desvelar de
um assassinato

Por Betty B. Fuks

2014

Copyright © Betty B. Fuks, 2014

Capa e projeto gráfico de miolo
Gabinete de Artes/Axel Sande

CIP-BRASIL. CATALOGAÇÃO NA PUBLICAÇÃO
SINDICATO NACIONAL DOS EDITORES DE LIVROS, RJ

F972h   Fuks, Betty B.
        O homem Moisés e a religião monoteísta – Três ensaios:
        O desvelar de um assassinato / Betty B. Fuks; organização
        Nina Saroldi. – 1ª ed. – Rio de Janeiro: Civilização Brasileira, 2014.

           210 p. (Para ler Freud)
           Inclui bibliografia e índice
           ISBN 978-85-200-1088-4

           1. Freud, Sigmund, 1856-1939. 2. Monoteísmo. 3. Psicologia
        religiosa. 4. Religião. 5. Psicanálise. I. Saroldi, Nina.
        II. Título. III. Série.

                     CDD: 150.1952
14-15460   CDU: 159.964.2

Todos os direitos reservados. Proibida a reprodução, armazenamento ou
transmissão de partes deste livro, através de quaisquer meios, sem prévia
autorização por escrito.

Texto revisado segundo o novo Acordo Ortográfico da Língua Portuguesa.

Direitos desta edição adquiridos pela
EDITORA CIVILIZAÇÃO BRASILEIRA
Um selo da
EDITORA JOSÉ OLYMPIO LTDA.
Rua Argentina, 171 – 20921-380 – Rio de Janeiro, RJ – Tel.: (21) 2585-2000

Seja um leitor preferencial Record.
Cadastre-se e receba informações sobre nossos lançamentos e nossas
promoções.

Atendimento e venda direta ao leitor:
mdireto@record.com.br ou (21) 2585-2002

Impresso no Brasil
2014

Para Júlia, Gabriel, Milla, Tamara,
Bernardo e Beny, pelos sorrisos.

SUMÁRIO

Apresentação da coleção	9
Prefácio	13
Introdução: afetos e conflitos	21
Da escrita e publicação dos três ensaios	29

Para ler *O homem Moisés*   37

O Livro dos Livros   37

Do devir-judeu   43

Da leitura de Yosef Yerushalmi, de Jacques Derrida e de Henri Rey-Flaud   47

O ateísmo da escritura e a leitura de Jacques Lacan   53

Verdade histórica   59

O desmentido generalizado   69

Moisés, um egípcio: o impossível da identidade   76

Da multiplicidade de pessoas psíquicas   76

O filho do outro   80

A invenção do povo judeu   86

Estrangeiros para si mesmos 94

Para além do essencialismo e do
etnonacionalismo 105

O retorno do pai 111

Os paradoxos da crítica freudiana
à religião 111

Pai. Lei. Transmissão 122

Da religião do pai à religião do filho 146

Antissemitismo, antifeminismo
e homofobia 153

**O homem Moisés
na contemporaneidade** 163

Onde isso estava o eu há de advir 163

Pergunte ao cavalo 179

Referências bibliográficas 197

Cronologia de Sigmund Freud 204

**Outros títulos da coleção
Para Ler Freud** 209

APRESENTAÇÃO DA COLEÇÃO

Em 1939, morria em Londres Sigmund Freud. Hoje, passadas tantas décadas, cabe perguntar por que ler Freud e, mais ainda, qual a importância de lançar uma coleção cujo objetivo é despertar a curiosidade a respeito de sua obra.

Será que vale a pena ler Freud porque ele criou um campo novo do saber, um ramo da psicologia situado entre a filosofia e a medicina, batizado de psicanálise?

Será que o lemos porque ele criou, ou reinventou, conceitos como os de inconsciente e recalque, que ultrapassaram as fronteiras do campo psicanalítico e invadiram nosso imaginário, ao que tudo indica, definitivamente?

Será que devemos ler o mestre de Viena porque, apesar de todos os recursos farmacológicos e de toda a ampla oferta de terapias no mercado atual, ainda há muitos que acreditam na existência da alma (ou de algo semelhante), e procuram o divã para tratar de suas dores?

Será que vale ler Freud porque, como dizem os que compartilham sua língua-mãe, ele é um dos grandes estilistas da língua alemã, razão pela qual recebeu, inclusive, o prêmio Goethe?

Será que seus casos clínicos ainda são lidos por curiosidade "histórico-mundana", para conhecer as "bizarrices" da burguesia austríaca do final do século XIX e do início do XX?

Será que, em tempos narcisistas, competitivos e exibicionistas como os nossos, é reconfortante ler um investigador que não tem medo de confessar seus fracassos, e que elabora suas teorias de modo sempre aberto à crítica?

Será que Freud é lido porque é raro encontrar quem escreva como se conversasse com o leitor, fazendo dele, na verdade, um interlocutor?

É verdade que, tanto tempo depois da morte de Freud, muita coisa mudou. Novas configurações familiares e culturais e o progresso da tecnociência, por exemplo, questionam suas teorias e põem em xeque, sob alguns aspectos, sua relevância.

Todavia, chama a atenção o fato de, a despeito de todos os anestésicos — químicos ou não — que nos protegem do contato com nossas mazelas físicas e psíquicas, ainda haver gente que se disponha a deitar-se num divã e simplesmente falar, falar, repetir e elaborar, extraindo "a seco" um sentido de seu desejo para além das fórmulas prontas e dos consolos que o mundo consumista oferece — a partir de 1,99.

Esta coleção se organiza em dois eixos: de um lado, volumes que se dedicam a apresentar um dos textos de Freud, selecionado segundo o critério de importância no âmbito da obra e, ao mesmo tempo, de seu interesse para a discussão de temas contemporâneos na psicanálise e fora dela. De outro, volumes temáticos — histeria, complexo de Édipo, o amor e a fantasia, dentre outros —, que abordam, cada um, um espectro de textos que seriam empobrecidos se comentados em separado. No volume sobre a histeria, por exemplo, vários casos clínicos e artigos são abordados, procurando refazer o percurso do tema na obra de Freud.

A cada autor foi solicitado que apresentasse de maneira didática o texto que lhe coube, contextualizando-o na obra, e que, num segundo momento, enveredasse pelas questões que ele suscita em nossos dias. Não necessariamente psicanalistas, todos têm grande envolvimento com a obra de Freud, para além das orientações institucionais ou políticas que dominam os meios psicanalíticos. Alguns já são bem conhecidos do leitor que se interessa por psicanálise; outros são professores de filosofia ou de áreas afins, que fazem uso da obra de Freud em seus respectivos campos do saber. Pediu-se, na contramão dos tempos narcisistas, que valorizassem Freud por si mesmo e encorajassem a leitura de sua obra, por meio da arte de escrever para os não iniciados.

A editora Civilização Brasileira e eu pensamos em tudo isso ao planejarmos a coleção, mas a resposta à pergunta "por que ler Freud?" é, na verdade, bem mais simples: porque é muito bom ler Freud.

NINA SAROLDI
Organizadora da coleção

PREFÁCIO

Para o leitor habitual de Freud não são estranhos o vai e vem especulativo nem o estilo, digamos, intimista de sua escrita que corajosamente aponta para os pontos fracos e para as contradições da teoria no momento mesmo em que a elabora. No entanto, até o leitor experiente, ao ler *O homem Moisés e a religião monoteísta — Três ensaios*, o texto cultural mais tardio do pai da psicanálise, se espanta ao ver quão longe esse *modus operandi* pode chegar.

Aventurando-se pelas brumas da história, Freud publicou primeiramente, na revista *Imago*, os dois primeiros dos três ensaios que compõem o livro, nos quais explora a hipótese de que Moisés era egípcio. Com sua já conhecida erudição, Freud nos conduz ao ambiente politeísta da religião egípcia dominante e ao surgimento, sob esse pano de fundo, da religião de Ikhnaton, que contrariava o senso comum religioso e apontava para o monoteísmo, especificamente para o culto do deus Sol, proscrevendo a ideia de vida após a morte. No longo escrito, o autor retoma teses anteriores — como a do assassinato do pai em *Totem e tabu* — unindo-as em uma síntese inédita, um apanhado final de suas teorias sobre a cultura, propondo-se a explicar o caráter do povo judeu, especulando sobre o que foi que, apesar de todas as dificuldades, permitiu sua sobrevivência.

Sua conclusão é que Moisés criou esse caráter, dando aos judeus uma autoconfiança tão inquebrantável que fez com que se acreditassem superiores aos outros povos. No que, aliás, não se distinguiam dos gregos da Antiguidade, por exemplo, e mesmo de populações indígenas que se referem a si mesmas como "os bons", ou "o centro do mundo". Como nos ensina Claude Lévi-Strauss, em seu estudo sobre o etnocentrismo, trata-se de uma tendência bastante disseminada entre os seres humanos. Segundo Freud, Moisés tornou o etnocentrismo judaico parte de sua crença religiosa. Os judeus viam no profeta que os libertou da opressão no Egito uma *imago* paterna, e Moisés, por sua vez, dotou o próprio Deus de suas características pessoais: a irascibilidade e a implacabilidade.

O livro de Betty B. Fuks ajuda a compreender o instigante escrito de Freud e a sua importância no quadro geral de seu pensamento. Com impressionante erudição, a autora chama vários psicanalistas e pensadores a dialogar com Freud, de Jacques Lacan a Giorgio Agamben, passando por especialistas em estudos judaicos como Yosef Yerushalmi e Emmanuel Lévinas, além de Zygmunt Bauman, Jacques Derrida, Slavoj Žižek e tantos outros que não caberiam neste prefácio. Sem medo do confronto teórico e se recusando, assim como Freud, a se inibir em nome de posturas conciliatórias com os colegas de profissão, Betty aponta o que considera "equívocos desastrosos" nos trabalhos de autores como Peter Gay e Ernest Jones, que, segundo ela, teriam feito uma tentativa ilegítima de psicanalisar o pai da psicanálise por meio da leitura de *O homem Moisés e a religião monoteísta — Três ensaios*.

No intuito de situar a investigação sobre a figura de Moisés na obra de Freud, e retomando o artigo "O Moisés de Michelangelo", de 1914, Betty coloca a seguinte questão: por que o interesse por Moisés, primeiro o de Michelangelo e depois a figura humana, às vésperas das duas grandes guerras? Arrisco afirmar, com a ajuda da autora, que justamente quando se tenta pôr alguma ordem na bagunça dos afetos destrutivos entre os homens — tarefa que o próprio Freud, desde *Totem e tabu*, mostrou ser prerrogativa das religiões — é que o entendimento da figura responsável pela introdução do monoteísmo no campo das crenças se faz necessário. Afinal, é o monoteísmo que se encontra na base das chamadas três grandes religiões, que ainda hoje indicam o destino dos impulsos agressivos dos homens de modo mais ou menos intenso, dependendo das circunstâncias: judaísmo, cristianismo e islamismo.

Seguindo rigorosamente a afirmativa do próprio Freud de que a absorção precoce das narrativas bíblicas teve forte influência em sua formação intelectual, a autora procede a uma incursão no campo da tradição de leitura no qual "o intérprete do texto define-se como um 'traidor' de toda e qualquer leitura imutável, isto é, religiosa — que impeça a produção de pensamentos". E revela as ressonâncias dessa tradição na psicanálise: Freud é um incessante intérprete de sua própria teoria, alguém que não se cansou de reinventá-la. Em 1939, logo depois de viver sua versão pessoal do êxodo e encontrar abrigo em Londres, Freud relembra de modo quase testamental as lições fundamentais da psicaná-lise, a primeira delas, nas palavras de Betty, a de que "o indestrutível no sujeito é a condição de estrangeiro a si mesmo".

Ao apostar novamente na ideia de que a ontogêne-se reproduz a filogênese, Freud consegue lançar luz sobre o problema dos dogmas religiosos. Se, para o pensamento racional, eles se revelam inabordáveis, à luz do conhecimento adquirido acerca do funcio-namento do inconsciente tudo se encadeia: morte do pai primevo — assassinato de Moisés —; morte de Cristo — rejeição aos judeus... Tal como ocorre no desenvolvimento de uma neurose individual, há um primeiro trauma seguido de mecanismos de defesa, um período de latência da impressão traumática, a eclosão da neurose propriamente dita e, por fim, o retorno parcial do material recalcado. Dito de outro modo, e sem um aprofundamento maior nas minúcias do tema, é possível preencher as lacunas do conheci-mento histórico dos tempos primitivos estudando a vida mental das crianças ao relacionar, por exemplo, as fobias de animais ao totemismo. Seguindo nessa direção, Freud chega a dizer que o triunfo do cristia-nismo foi uma espécie de "atualização" da vitória dos padres de Amon sobre o Deus de Ikhnaton, depois de um milênio e meio e se estendendo sobre um território ainda maior do que o do império egípcio de outrora.

O cristianismo marcaria, portanto, um progresso, no campo da história das religiões, do retorno do recalcado, transformando o judaísmo num "fóssil". Freud discute, e Betty esmiúça, a importante noção de *verdade histórica* (que se combina à de *herança arcaica*) que dá suporte às noções acima expostas.

O que Freud nos mostra é que há, por trás do animal sagrado do totemismo primitivo, da proibição de representar Deus no judaísmo e nas promessas de redenção da alma no cristianismo, uma mesma necessidade humana de construir narrativas que justifiquem o sentimento de culpa, este, sim, onipresente em qualquer construção cultural, e que mantenham o supereu operante na regulação dos laços sociais que necessitamos para sobreviver.

Betty demonstra em seus comentários sobre a literatura do testemunho e os efeitos do trauma do holocausto nas gerações seguintes o quanto convivem intensamente, ao longo da história, *Eros* e *Thanatos*, esforços concomitantes de ligação e separação das pessoas e dos grupos. A particularidade do povo judeu, que fez dele um inimigo preferencial nas mais diversas circunstâncias históricas, foi ter tido a ousadia de tomar para si a prerrogativa de ser o escolhido por Deus — o ódio de Hitler, conforme exemplo de Betty, advinha do fato de ter tomado essa afirmativa ao pé da letra — e, ao mesmo tempo, ter se mantido sutilmente diferente dos outros povos com os quais conviveu. O proselitismo cristão, nesse sentido, foi muito mais "diplomático" e, embora não tenha livrado os cristãos de perseguições, inclusive da dos nazistas, fez com que eles se protegessem melhor das marcas do "diferente".

Retornando à *Psicologia das massas e análise do eu*, bem como a *O mal-estar na cultura*, para tratar das vicissitudes do judaísmo, Betty ressalta o fato de que os grupos precisam de um inimigo para fortalecer sua ligação interna. O grande problema que se pode depreender disso é saber o quanto é possível lidar, sem recorrer à violência, com esse inimigo necessário. No fim das contas, toda tolerância é como um elástico que em determinado ponto, ao ser esticado, vai arrebentar. Eis a dura verdade que o discurso atual do "politicamente correto" procura recalcar. A propósito, Betty chama a atenção para o modo como, em nossos dias, o ideal da "raça pura" retorna insidiosamente, em versão *light*, apoiado pelo discurso médico (sobretudo na engenharia genética) e pelo ideal social de uma sociedade perfeita.

Uma coisa é provocar os argentinos com a pergunta "Pelé ou Maradona?", chamar os paulistas de caretas, os portugueses de burros ou ainda cunhar cartazes, como fez a torcida do Nápoli em uníssono para ofender os rivais de Verona, depois de ouvir um punhado de ofensas variadas de cunho racista em jogo anterior: "Julieta era uma puta!" Outra bem diferente é destruir lojas e, na escalada incontida da perseguição, cometer genocídio contra grupos que apontam, dolorosamente, para a existência da alteridade.

Betty relata um tocante caso clínico de uma menina de 9 anos, ocorrido no massacre cometido por um ex-aluno em uma escola em Realengo, no Rio de Janeiro, em 2011. Tomada por crises de angústia durante a noite e na escola, quando o caso foi comentado entre seus colegas, a menina acabou revelando na análise ter se identificado com o assassino, pegando de surpresa a própria analista, que inicialmente interpretou sua angústia como uma identificação da menina com as vítimas da tragédia. Ao comentar o caso de que tomou conhecimento em supervisão, Betty indica uma saída possível para cada um de nós, em nossos ódios particulares, e que freudianamente acreditamos que possa servir também para os grupos: "brincar de maldade", não se colocar a priori acima do carrasco que cada um de nós, num descuido do supereu, pode virar. Simulando um ataque violento à analista, a menina pôde extravasar seu ódio no nível simbólico, aplacando a culpa, que já a atormentava antecipada e virtualmente, de cometer algo parecido na vida real.

NINA SAROLDI

INTRODUÇÃO: AFETOS E CONFLITOS

O Moisés não é uma despedida desprezível.

Sigmund Freud (1939)

Berlim, 10 de maio de 1933. Sob as ordens de Joseph Goebbels, figura-chave do regime nazista, a Associação Estudantil Alemã para Imprensa e Propaganda dava início, na Universidade de Berlim, aos rituais de incineração de livros "estrangeiros" com o objetivo de depurar o idioma e a literatura alemã. Em Viena, Freud registra, no diário em que anotava eventos considerados importantes, o sinistro acontecimento. De modo conciso e lacônico descreve a cena em que milhares de obras eram jogadas à fogueira, enquanto um representante dos estudantes justificava em voz alta o destino de cada uma delas. "Em determinado momento", ouviu-se um jovem gritar: "Contra o exagero da vida instintiva destruidora da alma, da nobreza da alma humana! Entrego às chamas os escritos de Sigmund Freud."[1] Dias depois, num ato condizente com o seu ensaio "O chiste e sua relação com o inconsciente", o pai da psicanálise se referia ao ocorrido ironicamente:

---

[1] *Diário de Sigmund Freud (1929-1939)*, *Crônicas Breves*, p. 209.

"Que progresso estamos fazendo! Na Idade Média eles teriam me queimado; nos dias de hoje, contentam-se em queimar os meus livros."[2] Nota-se que apesar de ter estabelecido uma ligação entre os autos de fé da Inquisição e os da Idade Moderna, Freud sequer poderia intuir a catástrofe histórica que converteu em cinzas milhares de seres humanos — deficientes mentais, ciganos, homossexuais e judeus. Entre os últimos, estavam suas irmãs Marie, Adolphine, Pauline e Rosa.[3] A partir de 1941, portanto dois anos após a morte de Freud, a Solução Final (o decreto de genocídio contra a população judia) transformaria a conhecida máxima do poeta Henrich Heine (1797-1856), "Lá, onde se queimam livros, no fim se queimam pessoas", numa realidade devastadora.

Para um pensador atento ao mal-estar de sua época, refletir sobre a barbárie era uma questão ética prioritária. Algum tempo depois do vandalismo que consumiu em chamas um imenso e inestimável patrimônio cultural, Freud recolhe das cinzas espalhadas pelos quatro ventos as forças para escrever sua obra testamentária — *Der Mann Moses und die Monotheistische Religion. Drei Abhandlungen* — cuja tradução literal é

---

[2] E. Jones, *A vida e obra de Sigmund Freud*, p. 188, vol. III.
[3] Adolphine foi deportada para Theresienstadt, campo temporário de judeus a caminho de Auschwitz; Marie e Pauline foram enviadas ao campo de extermínio de Maly Trostinec; Rosa seguiu para Treblinka. No julgamento de Nuremberg, um ex-oficial nazista confessou que Rosa, ao chegar ao campo de extermínio, foi imediatamente enviada à câmara de gás depois de ter se apresentado ao capitão do exército alemão como irmã de Freud.

O homem Moisés e a religião monoteísta — Três ensaios.[4] A escolha da expressão "O homem Moisés" segue a descrição bíblica do profeta: "E era o homem Moisés muito afável, mais do que todos os homens que havia sobre a terra" (Números 12:3).[5] Maneira pela qual os escribas procuravam exaltar a humanidade da criança que escapou da morte; do adolescente rebelde dividido entre duas línguas, duas culturas e duas tradições, e do adulto que escolheu liderar os hebreus reduzidos à condição de escravos no Egito (Chouraqui, 1995). Um homem, a despeito de seus feitos colossais e das incertezas em torno de sua existência. Um homem que jamais deixou de abismar, ao longo dos séculos, pensadores dos mais diversos campos da cultura.

O fascínio do fundador da psicanálise pela figura de Moisés, "que para o povo judeu foi libertador, legislador e fundador de sua religião",[6] mostrou-se sempre intenso e atormentado. Em 1901, visitando a Igreja San Pietro in Vincoli, em Roma, ao se deparar com o olhar da majestosa estátua de Moisés concebida por Michelangelo, Freud foi tomado por uma forte sensação de estranheza que o levou a revisitá-la, sistematicamente, entre 1911 e 1912. Desde então, sob o efeito de

---

[4] Doravante farei referência ao livro como *O homem Moisés* ou *Moisés* no corpo do texto e nas notas.

[5] Todas as citações bíblicas foram retiradas dos volumes da tradução de André Chouraqui da Bíblia hebraica. Tradução cuja preocupação maior se faz em restaurar o significado das palavras originais através de rigoroso resgate etimológico.

[6] *O homem Moisés*, p. 33.

uma imensa e sibilante sensação de "solidão deliciosa, algo melancólica",[7] Freud desenhava, estudava e comparava a desconcertante figura de homem com cornos de animal às outras figurações do personagem mais enigmático da Bíblia, num esforço de apreensão que resultou na escrita do ensaio "O Moisés de Michelangelo" (1914). Muitas vezes, ao visitar a escultura, chegou a sair da igreja percebendo-se idólatra, isto é, como se ele próprio "pertencesse à turba sobre a qual os olhos de Moisés estão voltados — a turba que se rejubila ao reconquistar seus ilusórios ídolos".[8] Assim, percebendo-se intensamente afetado, Freud não hesitou em confessar ter chegado ao umbral da vocação humana à idolatria, para em seguida mergulhar no campo da arte de modo "profano".[9] Um ato que teve consequências contundentes para o dispositivo psicanalítico de interpretação da obra de arte.

Vejamos. Para decifrar o enigma da estátua que Michelangelo havia ordenado falar — "Parla, Moise! Parla!" —, Freud tratou de alguns detalhes até então negligenciados pelos críticos de arte. E o que "disse" a obra maior da Renascença agonizante ao psicanalista que, desde seus estudos sobre histeria, estava convencido de que as pedras falam? *Saxa loquuntur!*[10]

---

[7] S. Freud, *Correspondência de amor e outras cartas*, p. 345. Carta à Martha (5/9/1912).

[8] S. Freud, "O Moisés de Michelangelo" (1914), *Obras completas*, vol. XIII, p. 219.

[9] Idem, p. 217.

[10] S. Freud, "As pedras falam!", "La etiologia de la histeria" (1896), vol. III, p. 192.

Abstendo-se de buscar quaisquer referências concei-tuais para analisar a obra que tocara o fundo de sua alma, ele se deixou guiar pela posição da mão direita do profeta com os dedos crispados sobre as Tábuas da Lei prestes a cair. E perscrutando esse pequeno deta-lhe pouco notado pela crítica, encontrou elementos suficientes para enunciar que Michelangelo criara um Moisés outro que não aquele que, encolerizado, atirou as Tábuas da Lei ao solo, deixando-a em pedaços. O gênio do artista integrara algo de novo à narrativa do Êxodo (o triunfo do espírito sobre a cólera), represen-tando de forma inusitada o episódio do "Bezerro de Ouro" (Êxodo 32:1-8). O Moisés de mármore italiano, ao contrário do "Moisés histórico ou tradicional",[11] é o retrato do homem capaz de superar o ódio e a destem-perança. A obra e autor se confundem: o gesto político de Michelangelo expressa a revolta contra o despotismo clerical e sua coragem de pousar sobre o túmulo do papa Júlio II a representação da alma de um homem capaz de "combater com êxito uma paixão interior pelo amor de uma causa a que se devotou".[12]

A prática de dar valor a um detalhe ínfimo, isto é, aparentemente sem importância, fora do lugar e procedê-lo à leitura, preparou o terreno à tessitura de *O homem Moisés*.[13] Mas antes de passarmos ao texto de 1939, resta ainda por dizer que às vésperas da

---

[11] S. Freud, "O Moisés de Michelangelo", op. cit., vol. XIII, p. 235.

[12] Ibidem, p. 237-8.

[13] Cf. o estudo de Brigitte Lemérer, *Os dois Moisés de Freud* (1914-1938).

Primeira Guerra Mundial, quando as ilusões da cultura moderna começavam a dar mostra de insuficiência em diminuir a crueldade e a violência entre os homens, Freud decide publicar "O Moisés de Michelangelo" de forma anônima na revista *Imago*. No entanto, se nesse momento teve muitas dificuldades para assumir a autoria do texto "em parte por chiste, em parte pelo amadorismo — difícil de evitar — da revista e, finalmente, por não estar completamente certo dos resultados apresentados",[14] dez anos depois, quando da primeira edição das *Obras completas,* legitima esse "filho do amor",[15] fruto da relação intensa e apaixonada que manteve, por toda a vida, com "a literatura e as esculturas".[16]

Passemos às declarações do próprio Freud acerca de suas afinidades eletivas e identificações que mantinha para com o fundador do monoteísmo. Numa carta a Sandor Ferenczi, dá a conhecê-las de modo bastante curioso: "De acordo com o humor em que estou, comparo-me antes com o Moisés histórico do que com o de Michelangelo."[17] Ora, identificar-se a Moisés tomado pela cólera ao perceber seu povo adorando a estátua de um bezerro de ouro era bastante

---

[14] S. Freud & K. Abraham, *Correspondência*, p. 199 (Carta a Abraham, 16 de abril de 1914).

[15] Carta de Freud a Edoardo Weiss (12 de abril de 1933), in B. Lemérer, p. 19.

[16] S. Freud, "Moisés de Michelangelo", op. cit., p. 217.

[17] S. Freud & S. Ferenczi, *Correspondência* (1908-1914), p. 127 (Carta 327.F).

condizente com o embate institucional em que vivia na época da escrita do Moisés de Michelangelo. Sob a liderança de Carl Gustav Jung, primeiro presidente da Associação Psicanalítica Internacional, um grupo de analistas ameaçava rebaixar a importância da sexualidade infantil no corpo da teoria psicanalítica e se opunha ao conceito de inconsciente, militando a favor da ideia de inconscientes locais, "inconsciente ariano", "inconsciente semita" etc. Apesar de ter colocado Jung à frente do movimento psicanalítico, por temor a que o primeiro grupo de analistas viesse a ser confundido com um gueto judaico, Freud considerou que descaracterizar e atribuir uma essência ao inconsciente significava uma oposição frontal e destrutiva contra as leis da psicanálise. A existência de uma ciência ariana e de uma ciência judia, por princípio, lhe era inconcebível pois, enquanto obra científica, a psicanálise "não é nem judia, nem católica, nem pagã".[18]

Enfim, foi sob o impacto desses conflitos que o fundador do movimento psicanalítico se viu diante do dilema de ter de escolher entre combater os discípulos rebeldes pela força ou, ao revés, sublimar a cólera e reconduzir à ordem, com precisão conceitual e serenidade afetiva, a causa analítica. Tal divisão subjetiva — destemperança e domínio das pulsões — se fará presente até o fim da vida de Freud toda vez que percebia ameaças externas ou internas à psicanálise. Não deve ter sido à toa que, às vésperas das duas

---

[18] S. Freud, citado por Jacques Le Rider, *Modernidade vienense...*, p. 385.

Grandes Guerras que viriam inundar de sangue e dor o século XX, preocupado com os destinos da violência e destruição entre os homens, Freud tenha se dedicado a perscrutar a figura do criador e legislador do monoteísmo reclamado por três religiões: judaísmo, cristianismo e islamismo.

DA ESCRITA E PUBLICAÇÃO DOS TRÊS ENSAIOS

Entre 1934 e 1938, Freud constrói sua própria "estátua": *O homem Moisés e a religião monoteísta — Três ensaios*. Para alcançar a dimensão dessa última grande obra é preciso manter na leitura a tensão entre o contexto sociopolítico no qual foi escrita e sua inserção no seio de uma corrente de pensamento em permanente vir a ser. Necessário também ao leitor submeter-se ao princípio psicanalítico enunciado em *Psicologia das massas e análise do eu* (1921) de que a psicologia individual é simultaneamente coletiva, para evitar o risco de considerar o Moisés de Freud como texto antropológico, sociológico, filosófico, histórico ou psicológico. Trata-se de uma obra que, como outras que a antecederam, traz a marca do interesse do fundador da psicanálise pelos fenômenos da cultura em íntima consonância com suas pesquisas sobre a constituição do psiquismo.

Uma das primeiras notícias que se tem sobre a escrita da obra encontra-se registrada numa carta de Freud a Arnold Zweig, em 30 de julho de 1934, na qual revela o título escolhido: *O homem Moisés, um romance histórico* (*Der Mann Moses, ein Historicher Roman*). A ideia de romance não chega a espantar os leitores que conhecem a passagem de "Estudos sobre a histeria" em que Freud declara sentir-se surpreso diante das evidências de que seus relatos clínicos "eram lidos como se fossem breves novelas".[19] Entretanto, a expressão "romance histórico" desaparece quando da publicação conjunta dos três ensaios, embora tenha permanecido o estilo totalmente inusitado de "ficção teórica", uma escrita que se assemelha a uma obra de imaginação, por desobedecer às regras de cientificidade, mas sem perder seu lugar nas ciências humanas. O fato é que as três configurações básicas da discursividade psicanalítica (mito, ficção e teoria) estão presentes na obra de 1939 e essa é uma das razões que levaram muitos analistas e historiadores da psicanálise a considerá-la como o testamento de Freud às futuras gerações de analistas.

Obra aberta, *O homem Moisés* não se presta à captura: múltiplos sentidos — mas não arbitrários — borbulham nas páginas dos três ensaios. Com estilo inconfundível, Freud reelabora, através de uma narrativa, a metapsicologia — os princípios do funcionamento do aparelho psíquico —, também conhecida como a "bruxa" e o mito do assassinato do pai. Por conta disso, o texto contém a última versão do pensamento psicanalítico sobre religião e a teoria da transmissão, desde a qual é possível inferir uma intenção secreta do autor: apresentar as bases de transmissão da psicanálise e os perigos que a ameaçam permanentemente. Acrescenta-se a esses recortes outro extremamente importante: o político.

---

[19] S. Freud & J. Breuer, "Estudios sobre la histeria", op. cit. (1895), vol. II, p. 174.

Dando sequência ao pensamento sobre a intolerância, exposto em escritos que testemunham a incursão da psicanálise nesse campo (*Psicologia das massas e análise do eu*, *O mal-estar na cultura* e *Por que a guerra?*) — Freud toma como ponto de partida das reflexões que irá desenvolver um assunto bastante familiar: "Em vista das novas perseguições, volto a perguntar, como foi que nasceu o judeu e por que atrai sobre si um ódio inextinguível?"[20] Essa questão moveu a escrita do texto, conforme confessou a Arnold Zweig ao enunciá-la, mas alcançou um escopo maior, o universal do horror à diferença que habita a alma humana, como iremos demonstrar na presente obra. Em plena escalada do nazismo, perscrutar as exigências próprias do pulsional no político confirmava sua percepção de que a vida política pode tornar o exercício de amor entre idênticos e endereçamento do ódio ao outro, sinistro e funesto. Metáfora do excluído, a figura do judeu em *Moisés* expõe a verdade da rejeição feroz ao outro-odiado.

O que se observa em *Moisés* é que Freud, além de perscrutar o ódio ao povo judeu, estava igualmente atento à violência política que contaminava outros países, conforme se pode observar no primeiro prefácio ao terceiro ensaio da obra. Neste, ainda que brevemente, ele empreende uma crítica às políticas soviética e fascista de estarem coibindo duramente a expressão subjetiva do povo russo e do povo italiano.

---

[20] S. Freud & A. Zweig, *Correspondência Freud-Zweig*, p. 98 (Carta a Zweig, 30 de julho de 1934).

A despeito de todos esses recortes, é preciso dizer que a última mensagem de Freud, no dizer de Lacan no *Seminário 17: o avesso da psicanálise*, continua seguindo seu caminho sem volta. Na atualidade, *O homem Moisés* desafia o analista, em função das mudanças culturais contemporâneas que testemunha, a reatualizar a teoria extremamente precisa, original e cuidadosa que essa obra — certamente um dos grandes escritos sobre a ética da psicanálise — expõe.

Num primeiro momento, temeroso de que a psicanálise viesse a sofrer represálias diante da ousadia de suas ideias, Freud havia decidido manter guardados os manuscritos, sobretudo para não provocar retaliações à psicanálise por parte do catolicismo, último baluarte contra o nazismo.[21] Parecia-lhe que o poderoso representante do Vaticano em Viena, padre Wilhelm Schmidt, grande etnólogo defensor do monoteísmo primitivo, avesso à teoria psicanalítica sobre a origem do totemismo e da religião, pudesse criar sanções irreversíveis ao movimento psicanalítico. Dúvidas e conflitos quanto à validade de suas hipóteses e uma forte insegurança em relação às incursões que precisou fazer no campo da História somavam-se àquele temor — resistências externas e internas de publicar as ideias que o martirizavam como "um fantasma não redimido".[22] Essas exigências levaram-no a manter o livro na gaveta por alguns anos e até mesmo a rejeitar a proposta de

---

[21] S. Freud & Lou Andreas-Salomé, *Correspondência completa*, p. 267.
[22] *O homem Moisés*, p. 145.

Zweig de publicar a obra em Jerusalém: "Deixe-me em paz com o Moisés. Esse homem, e o que pretendo fazer com ele, me persegue constantemente."[23] Na primavera de 1937, superadas algumas resistências e com a "ousadia daquele que tem pouco ou nada a perder",[24] Freud publica, num curto espaço de tempo, na revista *Imago*, os dois primeiros ensaios — "Moisés, o egípcio" e "Se Moisés fosse egípcio".

A chegada do exército alemão à Áustria, no início de 1938, precipita o êxodo de Freud da cidade em que vivera desde a primeira infância à patética beleza do exílio. Contam os biógrafos de Freud que antes de embarcar para Londres, obrigado a assinar um documento que atestava o bom tratamento recebido das autoridades nazistas, não duvidou em acrescentar, de próprio punho, que recomendaria a Gestapo a todos os seus amigos. E assim, no mesmo espírito chistoso com que se referiu à queima de suas obras, transformava em chiste o sofrimento do desterro imposto. Durante a fuga, acompanhado de alguns familiares e amigos, retornou à trama do terceiro ensaio "Moisés, seu povo e a religião monoteísta". O Êxodo, a narrativa da saída de uma realidade opressiva, supostamente acontecida numa época de instabilidade do Egito, a errância, o nomadismo do povo judeu pelo deserto, se fizeram ainda mais presentes na elaboração psi-

---

[23] VS. Freud & A. Zweig, op. cit., p. 105 (Carta a Zweig de 16 de novembro de 1934).

[24] *O homem Moisés*, p. 89.

canalítica do estudo histórico desenvolvido nos dois primeiros ensaios.

Sob a proteção dos céus londrinos, o temor de tornar público o terceiro ensaio ficou restrito à validade das ideias e hipóteses apresentadas; "uma empresa fracassada"[25] que merecia ser arquivada. Entretanto, no outono de 1938, o autor vence todas as resistências; consegue reunir os três ensaios e, por fim, permite a publicação da obra em sua língua materna na Holanda. Em março de 1939, poucos meses antes de sua morte e da eclosão oficial da Segunda Guerra Mundial, chega a vez de a "estátua de bronze com pés de barro" — expressão com a qual Freud reconheceu, em carta datada de 16 de dezembro de 1934 a Zweig, que a probabilidade de acerto da hipótese que defendia não o protegia contra o erro — ser editada na "encantadora, livre e magnânima Inglaterra".[26]

No cômputo geral, conforme as observações de James Strachey, tradutor de Freud para o inglês, a obra foi editada de forma excêntrica, pouco ortodoxa e muito diferente da de outros trabalhos, o que certamente dificulta sua leitura. Por exemplo: o último ensaio começa pelo inusitado de dois prefácios que se contradizem mutuamente, um escrito em Viena e outro em Londres e está dividido em duas partes. A primeira possui cinco seções e a segunda apresenta,

---

[25] S. Freud & A. Zweig, op. cit., p. 104 (Carta a Zweig de 30 de setembro de 1934).
[26] *O homem Moisés*, p. 92.

antes das oito que o compõem, um tópico intitulado "Resumo e Recapitulação", que parece ser um outro prefácio (o terceiro). Ler *O homem Moisés* é sempre uma passagem por um desfiladeiro enigmático. Com estilo inconfundível, Freud iguala a imagem que exerce o poder da instabilidade — o corpo pesado da estátua de pés de barro — a uma outra, prenhe de leveza, embora transmita também a ideia de equilíbrio precário: "Este trabalho que tem Moisés como ponto de partida parece à minha crítica como uma bailarina a se apoiar na ponta de um dos pés."[27] A força poética dessa afirmativa exige do leitor, na mesma medida, leveza, precisão e arte na leitura do texto. Imaginação e ousadia podem levar o leitor a uma grande aventura de aprendizado, cheia de suspenses e de surpresas. São essas as qualidades também presentes na desconstrução freudiana da identidade de Moisés; na decifração do enigma sobre a origem do judaísmo; no modo como são perseguidas as desfigurações do relato bíblico; nas incursões pelo universo da historiografia e da egiptologia; no desvelar o desmentido do assassinato de Moisés; e, finalmente, no entusiasmo de um velho sábio exilado e devastado pelo câncer em transmitir sua aposta incondicional na disciplina que inventou.

Toda a complexa singularidade de *O homem Moisés* contribuiu para que grande parte da comunidade psicanalítica, historiadores e pensadores de outras áreas do conhecimento, animados por uma forma de pensar

---

[27] Ibidem, p. 93.

objetiva e pela necessidade de síntese e de precisão na análise conceitual do real, rejeitasse ou diminuísse o seu valor. No presente trabalho, ao revés, pretendo demonstrar que a tessitura do último grande escrito que Freud publicou em vida, considerado o mais enigmático de todos os que constam em suas *Obras completas*, é de extrema importância para a psicanálise e disciplinas afins. Neste trajeto buscarei a companhia daqueles que em seus trabalhos souberam reconhecer toda a sua relevância e magnitude clínica, teórica e política.

PARA LER *O HOMEM MOISÉS*

O Livro dos Livros

No início de "Um estudo autobiográfico" (1925), Freud reconhece que o fato de ser introduzido na leitura da Bíblia ainda na infância, quase que ao mesmo tempo em que aprendera a ler, tivera um peso tão importante em sua formação quanto a teoria evolucionista de Charles Darwin, os escritos de Johann W. von Goethe e os de Ernst Brücke, o mestre que despertou seu interesse pelo valor da atividade científica. De fato, a autoridade dos autores supostamente anônimos dos textos bíblicos transparece em seus textos e na correspondência que manteve com alguns colegas, amigos e com Martha, sua mulher. No cômputo geral, as referências e citações extraídas da Bíblia, presentes nas *Obras completas,* estão quase que no mesmo nível das de Goethe, o escritor mais citado, e um pouco acima das de William Shakespeare, o poeta que percebeu a existência de um método no mundo onírico e na loucura, séculos antes do nascimento da psicanálise.

Terreno fértil para a apreensão da alma humana, a literatura foi a ferramenta mais precisa com a qual Freud verificava, num jogo de espelhos, a própria face da construção psicanalítica. Mesmo tendo sido nutrido pelo Iluminismo científico do século XIX, ao fundamentar a teoria psicanalítica preferiu, por razões inerentes ao próprio objeto da psicanálise, se associar aos poetas e escritores, aqueles que "conhecem entre o céu e a terra muitas coisas que nossa sabedoria escolar ainda não pode imaginar".[28] Um exemplo paradigmático dessa aposta é o lugar estratégico que a tragédia de Sófocles, *Édipo Rei*, obteve no corpo clínico-teórico da psicanálise. Mas nem sempre o intérprete moderno dos sonhos se serviu das tramas literárias para avaliar o pensamento psicanalítico. Algumas vezes arriscou usar a psicanálise como uma grade conceitual para interpretar uma determinada obra, ou até mesmo esmiuçar a infância e a vida de um autor; embora jamais tenha deixado de reconhecer, com humildade, que "diante do problema do artista criador, a psicanálise terá de depor suas armas".[29] De modo geral, o que encontramos em relação à arte e à literatura na escrita freudiana varia entre o imperialismo das interpretações psicanalíticas e seu total retraimento. Quanto a isso, curiosamente os dois textos sobre Moisés são exemplos fidedignos: se o método de interpretação da estátua de Michelangelo difere do que encontramos em geral, *O homem Moisés* —, como bem viu Solal Rabinovitch em seu belíssimo "Escrituras do assassinato: Freud e Moisés", o modelo de interpretação

---

[28] S. Freud, "El delirio y los Sueños en Gradiva", op. cit. (1908), vol. IX, p. 8.
[29] S. Freud, "Dostoievsky y el parricidio", op. cit., vol. XXI, p. 216.

à letra instalou o jogo entre o texto bíblico e a construção do autor, entre o objeto explicado e o discurso analítico. O resultado colocou em evidência a proposta clínica de desviar a interpretação psicanalítica do campo da hermenêutica e extrair, de um detalhe insignificante, de um resto deixado à margem de um texto falado ou escrito, um não dito.

Jakob Freud foi quem primeiro chamou atenção para a impressão do universo poético multifacetado do Livro dos livros no espírito de seu filho. A amorosa e delicada dedicatória, escrita em hebraico, no exemplar da Bíblia de família traduzida por Ludwig Philippson, é uma das análises mais contundentes e importantes a que se tem acesso sobre a dimensão da relação do inventor da psicanálise com o saber. Tecida em melitza — mosaico de fragmento de expressões extraídas do Antigo Testamento e de outros textos sagrados do judaísmo —, a dedicatória, feita junto ao registro das datas do nascimento e da circuncisão de Freud, foi traduzida, acrescida da restituição de cada um desses fragmentos pelo destacado historiador do judaísmo Yosef Yerushalmi:

> Filho que me é querido, Shelomoh. No sétimo dos dias dos anos de tua vida o Espírito do Senhor começou a te animar [Juízes 13:25] e falou em ti: Vai, lê meu Livro que eu escrevi e nele irromperão para ti as fontes da compreensão, do conhecimento e da sabedoria. Vê, é o Livro dos Livros, no qual os sábios mergulharam, em que os legisladores aprenderam o saber

e a justiça [Nomes 21:18]. Tu tiveste uma visão do Todo-Poderoso, tu ouviste e te esforçaste para fazê-lo [Êxodo 24:7] e voaste nas asas do Espírito [Salmos 18:11]. Desde então, o Livro tem sido resguardado como os restos das Tábuas da Aliança, numa arca comigo. Neste dia em que os seus anos chegara a cinco mais trinta eu o recobri de uma nova capa de pele e o chamei "Brota, ó poços, cantai-o!" [Nomes 21:17] e dediquei-o a ti um memorial, um lembrete, os dois ao mesmo tempo, da afeição de teu pai que te ama com perene amor.

Jakob, filho do rabino Shelomoh Freud
Em Viena, a capital.
29 nissan de 5651 (6 de maio de 1891)[30]

Poética e desejante, a escrita de Jakob espelha o essencial de um método milenar de leitura: o reconhecimento de que as letras e os brancos da Escritura guardam entre si uma possibilidade infinita de associações que impedem a fixação do pensamento e do conhecimento. À luz da amorosa dedicatória, não é difícil perceber que o pai compartilhava da percepção do filho, um convicto "judeu ateu",[31] "completamente alheio à religião paterna — como qualquer outra — que não pode tomar parte em ideais nacionalistas, mas que nunca negou o pertencimento a seu povo",[32] de que a

---

[30] Jakob Freud, apud Y. Yerushalmi, *O Moisés de Freud, judaísmo terminável interminável*, p. 164.
[31] S. Freud & Oscar Pfister, *Correspondance avec le pasteur Pfister*, p.105. (Carta 9/10/1918).
[32] S. Freud, *Totem e tabu* (1913), op. cit., vol. XIII, p. 35.

leitura do livro sagrado fora decisiva na forma como apreendia, afetiva e intelectualmente, as urgências de seu tempo.

Ilse Grubrich-Simitis (2006), cotejando algumas passagens da Bíblia traduzida por Philippson com os manuscritos de *O homem Moisés*, atualmente guardados na Biblioteca de Washington, insiste em que o acesso de Freud na infância a essa tradução não foi sem consequências. Talmudista erudito, defensor do Iluminismo, o tradutor teceu uma série de comentários racionalistas sobre a história do povo judeu num estilo que não difere totalmente da escrita de *O homem Moisés*, segundo a autora. E para surpresa do leitor que conhece a construção freudiana do assassinato de Moisés, Grubrich-Simitis identifica em um dos comentários de Philippson o propósito do povo de Israel de matar o fundador do monoteísmo. Por fim, a autora chama atenção para algumas palavras e expressões usadas na tradução alemã que, posteriormente, Freud transformou em conceitos: "inconsciente", "desmentido" e "reprimido", "as duas pulsões". O estudo de Theo Pfrimmer (1994) também oferece ao leitor dados interessantes sobre a tradução do talmudista. Contudo, as conclusões a que chega esse autor têm o teor de uma "psicanálise" de Freud, na medida em que reduzem a psicanálise a um conjunto de identificações imaginárias de Freud com as figuras bíblicas.

Historicamente, a leitura da Bíblia na sociedade europeia do século XIX caracterizava tanto a cultura judaica quanto a cultura de língua alemã da qual Freud foi um filho exemplar. De Goethe a Thomas Mann, o universo das Escrituras inspirou grandes romances e pensamentos. Goethe, conforme faz notar Freud no texto de 1939, sem se basear em prova alguma já havia feito referência ao assassinato de Moisés por seu povo. O Egito florescente no qual Freud situa o nascimento do futuro legislador do povo judeu é o mesmo em que Thomas Mann desenvolve o enredo de sua obra *José e seus irmãos*. Do mesmo escritor, a novela *A Lei* retrata a experiência do passado com base no livro do Êxodo para responder às eclosões do presente turbulento, com estilo muito próximo ao de Freud. Tanto o escritor quanto o analista se reportam à aventura de Moisés seguindo a intenção do Pentateuco: conectar o homem com a Lei. Entretanto, quando do trágico final da liberdade alcançada e vivida pelos judeus na Europa, no decorrer de alguns séculos, a reescrita do Antigo Testamento ganhou um lugar de importância capital entre os intelectuais judeus.

A escrita é, na sua origem, a linguagem do ausente; ela repara uma perda, comenta Freud em *O mal-estar na cultura* (1930). O ato de escrever não se funda na relação imediata com o objeto, mas em sua ausência; a escrita procura inscrever o que já não está lá. É a este princípio que Freud consigna a relação do judeu com a escrita numa carta de amor para Martha Bernays, sua futura mulher: "E os historiadores dizem que se Jerusalém não tivesse sido destruída nós, judeus, teríamos perecido como tantos outros povos. O edifício invisível do judaísmo só se tornou possível depois do desmoronamento do Templo visível."[33] O Antigo Testamento, suporte permanente, junta o povo judeu na diáspora. Assim, na modernidade, quando a escalada do antissemitismo e dos nacionalismos estatais que acreditavam saber o que era um judeu, a prática de leitura-escritura da Bíblia se estendeu ao universo da geração de intelectuais da mais nobre ascendência iluminista, assimilada, mas paradoxalmente marginalizada. Uma "*intelligentsia pária*",[34] no dizer de Hannah Arendt, anticonformista e revolucionária que soube testemunhar, diante do preconceito levado à categoria de arma ideológica, a impossibilidade de designar o ser judeu, por meio da construção de judeidades.[35]

Do devir-judeu

Mas o que significa o termo judeidade? Diferentemente dos termos judaísmo (que recobre o conjunto das tradições religiosas e culturais) e de judeicidade (que designa o grupo judeu disperso em várias comunidades pelo mundo), a noção de judeidade nomeia o modo como cada sujeito vive sua condição de judeu. Trata-se de algo a ser definido e sempre construído,

---

[33] S. Freud, *Cartas de Amor...*, op. cit., p. 39. (Carta de 23 de julho de 1882).

[34] Hannah Arendt, "The Jew as Pariah", in *Jewish Identity and Politics*, p. 68.

[35] Construções que assumiram a forma de uma grande narrativa definida pela confluência da história pessoal com a história do povo e os textos da tradição. Veja-se o importante estudo das obras de Freud, Herlzl, Schoemberg e Beer-Hofmann feito por Jacques Le Rider (1992).

jamais concluído, mesmo que o judaísmo enquanto religião não conte para o sujeito. Portanto, um projeto que ultrapassa a simples observância dos modelos do passado, escapa às contingências relativas ao mero nascimento e determina a inserção do sujeito no futuro. Consequentemente, um devir ligado ao desejo. Uma realidade processual e não simplesmente o processo de transformação de alguma coisa em outra, que alcançaria um determinado ser finalizado, regido pelo princípio de identidade e sinônimo de objetividade e presença. Semelhante ao devir-mulher que implica a noção da impossibilidade de um ser final, pois não há a mulher na qual o sujeito se transforma, mesmo quando se é mulher. No devir-judeu, o que se coloca é a impossibilidade do ser judeu; isto é, na expressão devir-judeu é preciso colocar a ênfase sobre o devir e não sobre o judeu. Essa não identidade consigo mesmo, evidentemente, não é exclusiva da feminilidade ou da judeidade. Mas quem ousará dizer que essas figuras não são paradigmáticas do processo subjetivo de "tornar-se" outro?

O homem Moisés e a religião monoteísta — *Três ensaios* pertence à linhagem de escritos que reconduziu alguns pensadores à experiência escriturária milenar da história do povo judeu em função de novas perdas e infortúnios. Mas todo o cuidado é pouco na hora de determinar o peso dessa contingência histórica sobre o texto para não eclipsar o valor heurístico da teoria psicanalítica. Nessa perspectiva, é necessário abordar a obra com absoluto rigor, pois, de outra forma, incorre-se no risco de fazer uma leitura parcial, na maioria das vezes desastrosa e leviana.[36]

De todo modo, é importante examinar ainda que rapidamente algumas declarações de Freud em relação às afinidades e desafetos que mantinha com o judaísmo. Queiramos ou não, Freud reconhece, logo no início do primeiro ensaio, estar totalmente implicado na escrita da obra, como alguém que pertence ao povo judeu, mas cuidando de deixar claro que não iria se deixar persuadir por qualquer interesse que não o de perseguir a verdade segundo a lógica da psicanálise.[37] Ao convocar as letras da Escritura à tarefa de pensar o presente, a psicanálise e seu futuro, a intolerância mortífera do Estado alemão e os rumos da civilização, Freud enfrentava o real da segregação e o fardo ético da sobrevivência, expressão da errância milenar do povo judeu, de uma alteridade multiplicada e fragmentada em estilhaços pelos cortes significantes do que ela própria esconde.

Quando se questionava ou era indagado sobre sua identidade judaica, o pai da psicanálise sempre optou por responder pela retórica do incontido na significação. Embora se reconhecesse como judeu no fato de estar constantemente disposto a travar, permanen-

---

[36] A propósito: o mesmo tipo de resultado pode acontecer caso sejam suprimidas — na análise da ópera *Moisés e Aarão* (obra que Arnold Schoenberg começou a compor às vésperas de seu êxodo da Áustria) — as reformulações introduzidas por esse gênio musical da modernidade no conceito de harmonia e o sistema dodecafonista que criou.

[37] *O homem Moisés*, p. 33.

temente, uma luta, conforme declarou numa carta à associação B'nai Brit, contra a "maioria compacta" [38] e homogeneizada, fosse ela externa ou interna ao próprio judaísmo, paradoxalmente sustentava ser da ordem do impossível definir tal identidade. Mesmo porque, se o fizesse, isso envolveria negar suas percepções em relação à crença em identidades fixas e imutáveis. Convicto dessa impossibilidade, circunscreveu, no prefácio à edição hebraica de *Totem e tabu*, de modo preciso, o ponto de corte que optou por fazer com a religião e os ideais nacionalistas do povo judeu. Por outro lado, Freud manteve, ao longo da vida e da obra, a certeza de ser impossível expressar em palavras "a coisa milagrosa, até agora inacessível a qualquer análise, que faz o judeu".[39] Curioso argumento no qual é possível observar a lógica de uma presença invisível e indizível, para além das realidades conhecidas — biológicas, religiosas, históricas, geográficas, políticas, psicológicas e sociológicas. Não é essa a mesma lógica — a presença do indizível — que ele emprega para designar o sujeito do inconsciente?

No regime ético, essa posição garantiu a Freud o exercício interminável da judeidade, isto é, a criação de um nome próprio enquanto judeu; o que certamente teve influências na construção de uma teoria "sempre inacabada, pronta a deslocar as ênfases de suas hi-

---

[38] S. Freud, "Alocución ante los miembros de la Sociedad B'nai B'rith" (1941), op. cit., vol. XX, p. 259.

[39] Idem, *Cartas de amor,* op. cit., p. 493 (carta de 3 de maio de 1936).

póteses ou a modificá-las".[40] Assim, o que lemos nas últimas linhas de "As resistências à psicanálise" (1925), permite arriscar dizer que se a condição de judeu do pai da psicanálise não foi necessária à descoberta do inconsciente, certamente foi o suficiente para fortalecer incursões fundamentais nas "regiões inexploradas da mente"[41], regiões em que enfrentar a inquietante estranheza do conhecido/desconhecido faz parte da estratégia de sustentar uma prática voltada à alteridade:

> Talvez não tenha sido por acaso que o primeiro defensor da psicanálise tenha sido um judeu. Acreditar nessa nova teoria exigia determinado grau de aptidão para aceitar uma situação de oposição solitária, situação com a qual ninguém está mais familiarizado do que um judeu.[42]

Da leitura de Yosef Yerushalmi, de Jacques Derrida e de Henri Rey-Flaud

Não é incomum acontecer que historiadores e psicanalistas, atraídos pela delicada questão sobre as relações entre Freud e sua cultura de origem, cometam equívocos desastrosos na leitura de *O homem Moisés*, sobretudo por ignorarem, ou não dar devida

---

[40] Idem, "Dos artículos de enciclopedia: 'Psicoanálisis' y 'Teoría de la libido'" (1923), op. cit., vol. XVIII, p. 24.

[41] S. Freud, *A correspondência completa de Sigmund Freud para Wilhelm Fliess 1887-1904* (Carta de 7 de maio de 1900).

[42] S. Freud, "Las resistencias contra el psicoanalisis, in op. cit. vol. XIX, p. 235.

importância, às complexidades textuais e teóricas dessa obra. Em geral, limitaram-se ao exercício de "judaizar" o texto e à tão quanto despropositada *démarche* de se servir dela para tentar "psicanalisar" o pai da psicanálise. Por exemplo: Ernest Jones, Marthe Robert, Lydia Flem, David Bakan, Peter Gay e, em certo sentido, Le Rider, na insistência de reduzir a escrita de *Moisés* a presumidos dramas psíquicos do autor, construíram um arsenal de "psicobiografias", baseadas em supostas identificações de Freud com personagens de sua própria história (seu pai) ou da História (Moisés). Esse tipo de leitura, reducionista e fundamentalmente imaginária, impede o leitor de interrogar a lógica da narrativa subjacente à obra e obstrui a apreensão de sua dimensão no seio da doutrina freudiana. Ironicamente, foi preciso que Yosef Yerushalmi, eminente historiador e professor de história judaica, embasado apenas nas declarações e nos silêncios de Freud a respeito da relação que mantinha com o judaísmo, chegasse na condição de estrangeiro ao campo psicanalítico para que fosse aberta uma nova via de entendimento às discussões em torno da fabricação de *Moisés*.

Em *O Moisés de Freud, judaísmo terminável e interminável* — tendo como pano de fundo a ideia de uma afinidade eletiva entre os efeitos do imperativo de lembrar (Zakhor) na tradição judaica e a função do recordar na clínica psicanalítica —, Yerushalmi, depois de muitas idas e vindas ao terreno da história do judaísmo, atribui a escrita de *O homem Moisés* à obediência retrospectiva de Freud ao mandato paterno de retorno à leitura da Bíblia, inscrito, como vimos anteriormente, sob a forma de dedicatória nesse livro. Em que pese o fato de que essa leitura esteja embasada na mera aplicação de uma noção psicanalítica a um documento particular da vida de Freud, o que por si só é problemático, o historiador, ao enunciá-la, também confessa ter esbarrado no limite da interpretação do enigma que atravessa a história da psicanálise no que diz respeito às suas origens. Nesse *double bind* — possibilidade e impossibilidade de resposta ao enigma —, o *scholar* estabelece, no fim do livro, um inusitado monólogo com o fantasma de Freud, que, como todo morto, não responde à questão que lhe é endereçada: "A psicanálise é realmente uma ciência judaica?" E insistindo em obter uma resposta: "Por favor, diga professor. Prometo que não revelarei a resposta a ninguém."[43] A pergunta endereçada ao espectro de Freud produziu um giro importante na própria obra de Yerushalmi — que até então contestava uma das teses centrais da obra de 1939, o assassinato de Moisés —, e teve um peso forte no debate sobre as origens em vários campos do saber além do campo psicanalítico.

Jacques Derrida, em *Mal de arquivo, uma impressão freudiana,* depois de comentar que o subtítulo do livro do historiador — judaísmo terminável e interminável — por si só indica que o judaísmo enquanto crença religiosa é terminável e a judeidade interminável, traz

---

[43] Yossef Haim Yerushalmi, *O Moisés de Freud: judaísmo terminável e interminável,* p. 157.

uma contribuição importante para a leitura de *O homem Moisés*. Para o filósofo, a essência da judeidade é a "espera do futuro, abertura da relação com o futuro, a experiência do futuro (e) não somente uma antecipação do futuro, mas ainda a antecipação de uma esperança específica no futuro".[44] Trata-se de um porvir, ou melhor, de um vir-a-ser. Uma promessa messiânica, no entanto distinta do que comumente se conhece como messianismo: a essência da judeidade, afirma Derrida, tal qual Yerushalmi encena no monólogo com o morto, é justamente esse futuro para sempre indeterminado. Uma "identidade" por se escrever. Sua origem se perdeu e é a partir dessa perda que a judeidade se constitui como porvir. De certo modo, o filósofo retoma as mesmas formulações enunciadas em outro texto no qual designa um certo judaísmo "como nascimento e paixão da escritura, amor e sofrimento de letra, acerca da qual não se poderia dizer se o sujeito é o judeu ou a própria Letra".[45] É na esteira dessa paixão que Derrida invocará a letra como a raiz comum de um povo e da escritura: os desconfortos hebraicos da repetição, do exílio, da errância e do nomadismo são, para o filósofo, o próprio movimento da escrita situada num tempo que se ordena na direção do presente passado, do presente atual e presente futuro.

Voltando ao *Mal de arquivo*, Derrida, tendo definido o conceito de arquivo, o que não se restringe à memória

---

[44] Jacques Derrida, *Mal de arquivo*, p. 93. Para uma leitura crítica do livro de Derrida, cf. o ensaio de Joel Birman (2008).

[45] Idem, *A diferença e escritura*, p. 54.

de documentos, mas se desdobra em diferentes registros do performativo e da enunciação, cria uma equivalência entre o movimento de escrita e o processo de arquivamento. Um arquivo, diz o filósofo, "foi um penhor, e como penhor, um penhor de futuro".[46] Ou seja, todo arquivamento é ao mesmo tempo consignação do passado e um ponto de partida para um futuro especial. Um arquivo é como um cemitério por onde se anda, entre túmulos e a céu aberto — o passado e o futuro —, movimentando memórias. Investindo no futuro de forma consciente ou não, todo escritor, diz o filósofo, sofre de forma extrema do mal de arquivo — trabalha contra o próprio arquivo na intenção de destruí-lo. Freud, ao se envolver na trama arquivista, terminou desvelando o diabólico — a *pulsão de morte* e a *repetição diferencial*. Ardendo de febre de arquivo, Freud, como intérprete, como arquivista apropria-se do arquivo, da arca de agenciamento de letras que é a Bíblia, e, por meio de operações de leitura, desconstrói, como veremos, a figura de Moisés e reescreve a história do judaísmo.

Henri Rey-Flaud, em seu livro *E Moisés criou os judeus: o testamento de Freud*, valida a tese derridariana da abertura ao futuro, a partir do princípio de que a "adequação colocada entre 'o ser-judeu e o ser-aberto ao futuro' encontra seu fundamento metapsicológico na fidelidade à letra testemunhada pelos judeus"[47] ao

---

[46] Idem, *Mal de arquivo*, p. 31.
[47] Henri Rey-Flaud, "*Et Moïse créa les Juifs...*": *Le Testament de Freud*, p. 191-2.

longo da História. Ancorado na elaboração lacaniana de letra, conceito que mais adiante trataremos brevemente, Rey-Flaud designa o porvir, ao qual Derrida se refere, "como sendo o traço unário do Judeu".[48] Com isso procura destituir a judeidade de qualquer referência ontológica e dar conta da afirmação de Freud, endereçada aos membros da B'nai B'rit, de que devia à sua "natureza judaica" as duas qualidades que o teriam ajudado a vencer os preconceitos e renunciar a viver junto à maioria homogênea e compactada. Porém, quando da análise do rito da circuncisão e da ideia de eleição introduzida por Moisés ao povo judeu, Rey-Flaud abre mão da tese do porvir como traço unário: a circuncisão seria, em seu entendimento, "o traço real, marcado sobre o corpo do sujeito, que confere ao interessado, habitado pela vontade atual de Deus, sua relação inata *ao porvir*".[49] E esse inato aprumado pela causação do passado atestaria a ruína, segundo sua leitura, do porvir.

Com essa mudança, Rey-Flaud se afasta da abordagem de Derrida (2001a), para quem a circuncisão é um ato de inauguração de um novo judeu e não pura e simplesmente um retorno à origem. Uma marca no corpo que se transforma em arquivo à espera do porvir de uma identidade que só pode ser declarada e anunciada no futuro que virá. Nesse sentido, a circuncisão,

---

[48] Ibidem. Traço unário (tradução de Lacan do que Freud chama de *einziger Zug*) corresponde à marca mnêmica responsável pelo processo de identificação simbólica.

[49] Ibidem, p. 201 (grifos do autor).

para o filósofo, introduz o indivíduo na ordem coletiva, mas preserva sua relação com o real, com o que não é identificável. Trata-se aqui do real que se opõe às realidades conhecidas: religiosas, étnicas, históricas, geográficas, e mesmo as políticas. Um impossível de ser dito, pois, daquilo que se diz, o outro escuta uma coisa diferente.

Referi-me até agora ao mistério do porvir e sua relação com a letra através dos textos de Yerushalmi, Derrida e Rey-Flaud. Vejamos agora, ainda que brevemente, a afinidade milenar do povo judeu com a escrita e a letra, na intenção de refletir sobre algumas ressonâncias dessa tradição na escrita de *O homem Moisés*.

O ateísmo da escritura e a leitura de Jacques Lacan

Nômades como as letras aglomeradas no branco de um pergaminho ancestral, os doutores e comentadores da Torá,[50] ousaram ler mais do que neste aparecia manifesto, tornando-o, desde tempos imemoriais, um território que se prestou ao amplo acolhimento das subjetividades emergentes. Assim, vagando pelo mundo através dos séculos e das gerações, com letras e palavras transbordantes de sentidos, o povo judeu, por razões linguísticas e exigências de ordem ética, desenvolveu uma prática de leitura que consiste em

---

[50] A palavra hebraica Torá significa, literalmente, "ensinamentos"; no sentido restrito, designa o Pentateuco, e, *lato sensu*, a lei, ou melhor, uma possibilidade de lei.

reconhecer o valor da letra e aproveitar os brancos do texto como reservas de sentido para o leitor/intérprete. A arte de interpretar, desenvolvida dentro dessa experiência, ancorou-se no que Emmanuel Lévinas chamou de princípio ético da diferença (ou da ética do outro). O sentido do texto é sempre outro, sua significação é devir, absolutamente distinto e transcendente. Não há conversão do outro ao mesmo, pois a leitura emerge do encontro com o inconquistável e inapreensível. Entende-se, então, por que Lévinas em sua obra defende a ideia de que a leitura talmúdica está fadada à incompletude e a se alimentar de sua própria e insaciável fome, o que lhe autorizou dizer que foi nessa tradição que encontrou elementos para sustentar que a ética — a relação com o outro — não é um campo de saber entre outros, mas a filosofia primeira.

Mais além da exegese que prolifera dentro de uma determinada cultura sobre a qual o exegeta tece comentários que são, imediatamente, reabsorvidos pela comunidade, a prática de leitura desenvolvida pelos judeus percorre itinerários diferentes: situa-se, por razões linguísticas e por uma exigência ética, mais próxima do campo da interpretação, no qual a palavra vinda de fora introduz uma diferença no seio da tradição. Nesse contexto, o leitor do Livro não o decodifica nem se prende às explicações disponíveis: o trabalho de leitura à letra permite forjar novos sentidos aos textos sagrados que por si só são estruturalmente polissêmicos. Assim, os intérpretes tecem comentários que ultrapassam qualquer conhecimento convertido em saber e, com isso, também se diferenciam uns dos outros pela enunciação de um novo dizer sobre o dito. Em suas idas e vindas reescrevem e renovam a Escritura na fabricação de outros textos.

Consequentemente, se é verdade que a religiosidade começa onde o sujeito para de ler, é forçoso dizer que há no judaísmo um ateísmo por se extrair: ele exige do intérprete do Livro o compromisso de dessacralizá-lo, fazendo-o nascer de novo, recriando-o, inventando-o como no dia da criação.[51] O talmudista define-se como um "traidor" de toda e qualquer leitura imutável, isto é, religiosa — que impeça a produção de pensamentos. Mas atenção: o fato de o judaísmo carrear o ateísmo não impede que muitos se tornem religiosos abolindo a dimensão da letra, construindo significações fixas e imutáveis, ou seja, verdades absolutas sobre a vida e a morte. O judeu religioso corporifica o Texto elevando-o à categoria de ídolo; abandona a letra e corta o fio da escrita que deve ser desconstruída e reconstruída a cada leitura. Nesse contexto, a Bíblia deixa de ser um arquivo e se transforma num banal e por vezes perigoso cadastro de normas e deveres.

O trabalho de renovação dos escritos bíblicos teste-munha, segundo os estudos de David Banon (1995), o caráter transcendente do sentido, sempre em ebulição, jamais apreendido por uma única significação, o que

---

[51] Sobre a errância e nomadismo da letra na leitura judaica da Escritura, recorro às teses que desenvolvi em meu livro *Freud e a judeidade — a vocação do exílio*. Ver capítulo V.

possibilita estabelecer correspondências surpreendentes entre o método de leitura talmúdica, a leitura psicanalítica, o desconstrutivismo e outros métodos de leitura oriundos da linguística contemporânea. Os antigos intérpretes das Escrituras adiantaram, em prosa e verso, a ideia moderna de que toda escrita demanda uma intervenção capaz de extrair sentido do significante e de ultrapassar o conhecido. Sabiam, conforme um conhecido apólogo alusivo à singularidade da interpretação de sentido entre os leitores dos livros sagrados, que todo o texto reivindica uma interpretação literal, apresenta uma significação presente mas incompleta, solicita um questionamento, um ir além do dito e, finalmente, guarda um significado misterioso e secreto, impossível de desvendar. O "umbigo do sonho", diria Freud, o que escapa à interpretação.

Essa modalidade singular de leitura presente na tradição judaica — multiplicar as combinações entre as letras, reescrevendo-as num movimento contínuo de construções significantes singulares acerca da origem, do valor e do sentido da vida e da morte — foi o que levou Lacan a reconhecer em "Radiofonia" que o "judeu é aquele que sabe ler".[52] Evidentemente que essa afirmativa é uma metáfora para propor que a significação, o que vai resultar da relação do significante com o significado, o que as coisas querem dizer, não seja considerada como óbvia. Se o dispositivo analítico se sustenta no uso da palavra (designado de significante),

---

[52] J. Lacan, "Radiofonia", in *Escritos*, p. 429.

a experiência clínica deve investigar o que realmente significa um nome e qual a relação que ele tem com a coisa que quer significar, a partir da letra — o que deverá ser decifrado ou extraído da escuta dos significantes. Anteriormente, em *O avesso da psicanálise*, seminário em que distingue o discurso analítico de outros que circulam na cultura, Lacan retomara a leitura de *O homem Moisés* para demonstrar como Freud, no ponto em que situa o assassinato de Moisés, maneja o "intervalo" entre palavra e escrito, entre tradição oral e tradição escrita. E continuando, traz o Midrash[53] como paradigma da relação entre o escrito e a intervenção falada que nele se apoia e a ele se refere. O talmudista toma o Livro "ao pé de sua letra, para, a partir de sua colusão significante, tomado em sua materialidade (...) extrair do texto um outro dizer, ou até implicar nele o que ele negligencia (como referência)".[54] Para Lacan, a cultura de origem de Freud, marcada fundalmentamente pela prática de uma leitura-escritura infinita do texto, exerceu forte influência na construção do campo analítico. Essa ideia permanece em muitos de seus trabalhos, mesmo quando se deparou com os impasses da simbolização da pulsão que o levaram a inserir a psicanálise no campo da ética — sem, no entanto, deixar de buscar na matemática e na topologia

---

[53] Idem, *Seminário 17*, p. 126-7. Midrash: designa, ao mesmo tempo, uma modalidade de interpretação e o conjunto de comentários oriundos da leitura do texto bíblico; *Talmude*: produção literária do Antigo Testamento formado por dois grandes livros: *Mishná* e *Guemará*.

[54] J. Lacan, "Radiofonia", in *Outros Escritos.*, p. 428.

subsídios para pensar nesse enigma. Porque o inconsciente só é abordável graças à sua legibilidade, apesar de sua vocação contrária, Lacan insistia em dizer que: "Desde Freud a psicanálise é uma questão de escrita por mais que pensemos tratar-se de uma fala."[55] Ou seja, na psicanálise não se pretende outra coisa que não a leitura do inconsciente, uma escrita de certos sinais que produzem significações e de outros (as inscrições no corpo do falante, letras, traços sem sentido) jamais totalmente significados.

Poderíamos avançar um pouco na discussão do inconsciente como escrita tanto em Lacan como na direção apontada por Derrida, em *Freud e a cena da escritura*, de que a estrutura do aparelho psíquico freudiano é como uma máquina de escrever. Entretanto, nos desviaríamos do foco deste capítulo. Contento-me em registrar a necessidade de distinguir a relação de cumplicidade e de conflito que há entre a leitura-escritura talmúdica e a leitura-escritura do inconsciente. Já que as naturezas dos dois dispositivos são essencialmente heterônomas, qualquer identificação entre ambos é necessariamente, também, e desde o princípio, simultaneamente desidentificação. Reside aí a paradoxal especificidade da psicanálise, sua estranheza constitutiva, ou a não menos curiosa universalidade que é o imperativo de uma incessante singularização.

---

[55] J. Lacan, "Conférences et entretiens dans les universités nord-americaines", p. 13.

Verdade histórica

Dos textos freudianos em que o trabalho de interpretação da escrita de uma obra literária mais se aproxima e ao mesmo tempo se diferencia do projeto talmúdico de interpretação das Escrituras é, sem dúvida, *O homem Moisés*. Ciente dessa proximidade, o autor, logo no início do segundo capítulo, fez questão de afirmar que a leitura que apresentará do texto bíblico se diferencia totalmente da visão de mundo dos talmudistas. Isto é certo: lá onde, ao longo dos séculos, são tecidos comentários polifônicos acerca da adoção de uma criança hebreia pela realeza egípcia, Freud, como veremos, extrai a origem egípcia de Moisés, subvertendo a certeza bíblica da identidade entre o povo escravo e seu herói, para introduzir na teoria o lugar do estrangeiro na formação de um povo. E enquanto os escolásticos transmitem em prosa e verso as mais variadas versões do episódio da morte de Moisés em terra estrangeira, segundo os desígnios de Jeová,[56] o mestre de Viena contradiz frontalmente o relato ao construir a versão do assassinato do "grande homem" pelas mãos de seu povo. E por fim, essa hipótese que indignou talmudistas da modernidade ocupa, no corpo da teoria, o lugar designado por Lacan de última das versões sobre o pai que orientam a teoria psicanalítica:

---

[56] "Jeová" é a vocalização e a transliteração para o português do tetragrama IHVH, o nome de Deus que, segundo a lei judaica, não pode ser pronunciado. Ver capítulo IV.

os mitos de Édipo, do assassinato do pai da horda (de *Totem e tabu*) e do assassinato de Moisés.

Apesar de as diferenças estruturantes entre os dois universos, a tradição de leitura à letra do universo talmúdico certamente facilitou ao pai da psicanálise sustentar (e aqui retomo as considerações de Rey-Flaud, Derrida e de Lacan sobre o tema) que a verdade em jogo na psicanálise não é a verdade material, aquela congruente com os acontecimentos factuais e manifestos, mas a verdade lógica distinta dela, a "verdade histórica". Conforme as indicações de Rey-Flaud, a "leitura midráshica de Freud"[57] favoreceu a emergência do conceito de *verdade histórica* na teoria. Em *Moisés*, de maneira semelhante ao método de leitura dos talmudistas (encontrar o agenciamento simbólico da verdade), Freud identifica nas lacunas do texto bíblico uma verdade semiapagada mas conservada na letra e desde aí construirá, como veremos, a verdade histórica do judaísmo.

Qual a especificidade e dimensão desse conceito? Se projetada ao início da aventura freudiana, encontramos suas raízes na distinção, oriunda da experiência clínica, entre realidade material ou fática e realidade psíquica ou inconsciente. Trocando em miúdos, o evento pensado, portanto desejado, adquire na história do sujeito o peso de ato realizado. E não há como não reconhecer que o fato de Freud ter se deparado, muito cedo, com a impossibilidade de

---

[57] H. Rey-Flaud, op. cit., p. 154.

apresentar diretamente a realidade psíquica foi o que determinou a direção ao método clínico psicanalítico de apreensão da verdade do sujeito, isto é, do modo como cada um articula a própria história à realidade. A expressão "verdade histórica" (*historische Wahrheit)* surge no texto "Uma lembrança infantil de Leonardo da Vinci" (1910), em referência à vivência infantil determinante da realidade do inconsciente e às formas específicas e particulares pelas quais ela aparece nos mais diversos grupos sociais: mitos, lendas, fábulas, ficções e religiões. Entretanto, a conceituação da expressão emerge no fim da obra, merecendo em *O homem Moisés* uma sessão no terceiro ensaio marcada pela extensão das considerações apresentadas anteriormente e acrescida dos aportes da segunda tópica: a pulsão de morte e compulsão à repetição, o elemento radical do empuxo à descarga pulsional. O pano de fundo dessa elaboração é um *insight* tardio do autor registrado numa carta endereçada a Lou-Andréas Salomé:

> As religiões devem o seu poder coercitivo à volta do recalcado. São lembranças redespertadas de episódios muito antigos, esquecidos e altamente emocionais da história humana. Já disse isso em *Totem e tabu*. Agora o exprimo na fórmula: a força da religião reside não em seu material, mas em sua verdade histórica.[58]

---

[58] Freud/Lou Andreas-Salomé, *Correspondência completa*, p. 267.

Ou seja, para que uma verdade seja alçada à categoria de verdade histórica é necessário o retorno compulsivo de um acontecimento passado, remoto no tempo, cindido no espaço. É preciso também, conforme nos lembra Belinsky (1991), que o evento tenha ocorrido não apenas na intimidade do sujeito, mas advindo da alteridade. Estamos, portanto, no coração da última teoria sobre o trauma, sobre a qual nos deteremos detalhadamente mais adiante, quando for abordado o grande estudo sobre trauma e religião que mereceu destaque no terceiro ensaio de *O homem Moisés*.[59] Seria importante, agora, determo-nos na referência a *Totem e tabu*, o mito freudiano do originário citado no fragmento de carta transcrito acima.

Um mito? O espírito crítico do pai da psicanálise adiantou-se aos estudos mais modernos sobre a função dos mitos na cultura. Segundo esses estudos, eles servem para transmitir o ato de criação que, produzido num passado remoto, se perpetua na história e na realidade atual. Histórias dramáticas que autorizam os costumes, os ritos e as crenças ou aprovam suas alterações, os mitos estão entre a dominação e o conhecimento da natureza, e isso lhes confere uma

---

[59] A palavra trauma tem etimologia grega, significando originalmente ferimento e deriva daí uma raiz indo-europeia com dois sentidos contraditórios: "perfurar", "ferir" e igualmente "suplantar". Freud a adotou para designar os acontecimentos que rompem radicalmente com um estado de coisas, um choque que cria uma ruptura, deixando danos no psiquismo. A noção de trauma psíquico sofreu várias mudanças na teoria freudiana. Cf. *Trauma*, de Ana Maria Rudge.

eficácia simbólica. De uma maneira geral, a psicanálise rompeu com a avaliação negativa da razão sobre o mito ao designá-lo como uma narrativa, de alto valor social e individual, cuja função é expressar uma verdade sobre *as origens e a arquitetura do espírito humano*. O mito de *Totem e tabu*, conhecido como mito do pai da horda (*Urvater*), dá forma ao que não se transmite pela memória consciente: a origem do recalque primário, berço da linguagem e da cultura. O mito faz pensar o impensável (o terror que toca o irrepresentável), fixando a passagem do homem pré-histórico do estado de angústia real (*Realangst*) e de desamparo exterior, ao da angústia interiorizada (expressão do temor de reviver o terror). O mito representa a Coisa (o que excede o desejo e do que, no entanto, o desejo procede) e finalmente sustenta a figura do originário (familiar ao sujeito e aos fenômenos coletivos que comportam e difundem a memória e o esquecimento que os motivam).[60]

De forma resumida eis o relato do mito: "Certo dia, os irmãos expulsos se reuniram, mataram o pai e o devoraram, e assim deram fim à horda paterna."[61] O parricídio inaugura um novo tempo deixando traços, marcas, rastros e letras no psiquismo, o primeiro

---

[60] O mito freudiano resultou de uma série de inferências lógicas sobre o material clínico que encontra apoio na hipótese de Charles Darwin da horda primordial comandada por um pai violento, na tese do banquete totêmico de William Smith, na ideia de James Atkinson sobre o fim do sistema patriarcal pela revolta dos filhos, na concepção do totemismo de George Frazer e na de Edward Westemarck sobre o horror ao incesto.
[61] S. Freud, *Totem e tabu*, p. 207.

conjunto de inscrições da história designado por Freud de *herança arcaica*, a indestrutível rede de traços jamais consciente, mas traduzida, a cada geração, retranscrita de tempos em tempos, segundo novos nexos. É disso que se trata a transmissão psíquica do trauma produzido pela violência originária, conforme o modelo exposto na carta de Freud a Fliess, em 6 de dezembro de 1896.

Conhecida como *Carta 52*, essa figura metapsicológica apresenta o mecanismo psíquico como aparelho de memória e de escrita formado por estratificações de traços que Freud desenha entre a percepção e a consciência. Trata-se de um esquema abstrato que nos permite pensar a ordem subjetiva que percorre uma temporalidade nomeada como a posteriori (*nachträglich*).

A escrita de *O homem Moisés* exigiu de Freud retornar ao mito algumas vezes, sem que isso tenha significado uma simples volta ao mesmo. Muito ao contrário, em se tratando do trabalho de arquivamento da transmissão que o texto de 1913 trouxe à luz — "Os seres humanos sempre souberam, daquela maneira peculiar, que certa vez possuíram um pai primordial e o assassinaram".[62] A construção da verdade histórica do assassinato de Moisés recria o mito do assassinato. Freud faz o que diz: em 1939, reescreve a narrativa de 1913 obedecendo à mesma lógica de tradução do material psíquico, descrita anteriormente, memórias que fazem e desfazem a história entre diferentes épocas.

---

[62] *O homem Moisés,* p. 142.

Esse modo de historiar pressupõe, conforme as agudas observações de Michel de Certeau (1995), uma vocação especial de trabalhar a apreensão da relação do passado com o presente como cenas conjugadas uma na outra. O passado não é algo morto que resta compreender, mas significa algo que retorna para repetir um caminho que nunca foi trilhado. Imbricados um no outro, o passado não cessa de assombrar o presente e o habita como virtualidade. E sendo virtual, apresenta-se como um conjunto de singularidades que nada designa nem significa, até que aconteçam sinalizações significantes. Essa é a lógica que subjaz à construção da verdade histórica em *Moisés*.

O que é uma construção? Em primeiro lugar, trata-se de um procedimento clínico criado em função dos impasses do fenômeno de compulsão à repetição no tratamento analítico. Na impossibilidade do paciente recordar, ele repete, como *acting out*, aquilo que, de alguma forma, o marcou. A construção analítica visa, justamente, reconduzir o analisando à narrativa interrompida de sua história. Em *Moisé*s, Freud transpõe para o coletivo esse dispositivo, numa operação textual que o legou a desvelar o assassinato do grande homem e estabelecer a verdade histórica do judaísmo. Assim, pela via da repetição diferencial, o autor faz uma passagem do mito de origem da cultura ao mito da origem de um povo. A construção segue detalhadamente a metodologia indicada em "Construções em análise" (1937). Nesse texto, contemporâneo ao que estamos examinando, Freud deixa claro que as religiões e ideias delirantes contêm um fragmento distorcido e desfigurado da verdade-histórico-vivencial (*historisch*) do mito de *Totem e tabu*; portanto, são tentativas de restaurar a verdade do assassinato do pai.

Surpreendente é o fato de o autor, com a coragem que lhe era peculiar, estabelecer uma analogia audaciosa entre formações delirantes, ideias religiosas e construções psicanalíticas. No delírio, a construção visa preencher a lacuna daquilo que — tendo sido rejeitado — só pode ser dito sob a forma de alucinação. A religião propaga uma verdade a priori reveladora. No trabalho analítico, por sua vez, a construção visa erigir um fragmento da biografia do paciente a partir dos vestígios indicativos do que foi perdido, do elemento faltante: "Assim como uma construção produz um efeito por restituir um fragmento da história de vida do passado, do mesmo modo o delírio deve sua força de convicção à parte de verdade histórica que põe no lugar da realidade rejeitada."[63]

Analogias sempre implicam, forçosamente, a presença de uma diferença: se o delírio, no sentido psicanalítico, "contém um pedacinho de verdade, e a convicção do doente se propaga dessa verdade ao envoltório delirante",[64] a construção de uma verdade histórica é de vital importância para que a psicanálise não se transforme em delírio. Ela permite um jogo de ficções que exige do analista o manejo preciso do

---

[63] S. Freud, "Construcciones en el análisis", op. cit., vol. XXIII, p. 264.
[64] *O homem Moisés*, p. 175.

dispositivo da transferência para provocar transformações verdadeiras (Belinsky, 1991). A analogia entre religião, delírio e construções psicanalíticas situa definitivamente a diferença entre verdade material, sempre definida pelo correto/errado, e o que é da ordem da verdade histórica — a verdade particular do sujeito, ou de um povo, inscrita nas vicissitudes de sua história.

Não ter presente o valor heurístico da verdade histórica do judaísmo construída ao longo dos dois primeiros ensaios de *O homem Moisés* é o que faz com que muitos historiadores, e até mesmo alguns analistas, insistam em contestar a validade das teses desse escrito de Freud. Yerushalmi, por exemplo (apesar de sua leitura enriquecedora da obra de 1939), argumenta de forma simplista e bastante ingênua que, caso o assassinato de Moisés, reivindicado por Freud, tivesse de fato ocorrido, certamente haveria algum registro do fato histórico. Na intenção de demonstrar o "equívoco" da hipótese freudiana, o historiador evoca um dos livros da tradição que narra a tentativa frustrada dos israelitas de matar o grande líder, que logo foi salvo pela intervenção de Jeová. Nada mais antifreudiano do que tal argumento, diz Derrida (2001), apoiado na tese de que o inconsciente ignora a diferença entre o virtual e o real — o que invalida qualquer altercação entre a intenção de matar e o ato efetivo de matar. O importante aqui é ressaltar que a intenção de matar a qual Yerushalmi se refere, por si só é prova suficiente para validar a tese do crime contra o legislador do povo judeu.

Os obstáculos teóricos ao conceito de verdade histórica por parte dos historiadores são uma forma de resistência que não traz benefício algum para o campo da História, diz o historiador Omar Acha (2007). A rigor, o conceito pode servir como uma ferramenta precisa para revisar as bases epistemológicas do campo dos historiadores — concepção evolutiva de tempo, critérios de provas, horror ao anacrônico ou à função produtiva do narrar. Acha defende a ideia de que a temporalidade descontínua da psicanálise sensibiliza a percepção do historiador às produtividades virtuais do subjetivo que povoam os processos históricos.[65] Mas a recíproca é também verdadeira. Anne Levallois (1990) argumenta em sua obra que nem os historiadores se encontram livres da psicanálise, nem os psicanalistas estão livres da história. Por quê? De um lado, não é possível escrever a história apenas com a verdade material dos fatos, isto é, ignorando a verdade histórica que cada sujeito e/ou cultura é chamado a viver em relação à herança recebida da geração anterior. De outro, conforme Anne-Lise Stern (2004) sustenta, o analista não pode deixar de reconhecer que pelo fato de a psicanálise ser uma experiência concernente à história particular do sujeito, por estar ligada à linguagem, essa história faz parte da grande história.

Assim, tendo admitido no início deste capítulo a importância de *O homem Moisés* à compreensão da estreita relação entre psicanálise e literatura, seria igualmente necessário destacar que a leitura freudiana

---

[65] Osmar Acha, *Freud e o problema da História*, p. 150-2.

do Pentateuco é fundamental para a especulação sobre os meandros da interface entre psicanálise e história. Enfim, o conceito de verdade histórica e a noção de construção em análise formalizam, em *O homem Moisés*, o laço indestrutível entre psicanálise, literatura e história de modo inusitado, colocando à prova a consistência da descoberta do inconsciente.

O desmentido generalizado

A maioria dos leitores da edição de *O homem Moisés* em língua portuguesa desconhecem o fato de que Freud se apoiou em dois dos diferentes mecanismos de defesa que ordenam a escrita psíquica — *Verleugnung* e *Verneinung* —, para construir, a partir de documentos históricos e da Bíblia, a verdade histórica do monoteísmo. Nas edições a que tínhamos acesso até a obra do fundador da psicanálise cair em domínio público, o termo *Verleugnung* e a especificidade do que é *verleugnet* (desmentir) foi traduzido por negação/denegação e negar/denegar. Os tradutores não levaram em conta que *Verleugnung*, palavra próxima das palavras alemãs *ableugnen* (desautorizar) e *Lüge* (mentira), passou, na obra de Freud, do simples uso na língua alemã à posição de conceito em "A organização sexual infantil" (1923). Em função dessa virada, a tradução mais precisa de *Verleugnung* é "desmentido", "renegação" ou "recusa à realidade", o que diferencia esse tipo de negatividade de uma outra, a *Verneinung*, traduzida no Brasil por "negação", "negativa" e "denegação".

O desmentido é um dos processos constitutivos da sexualidade infantil: a operação que coloca em jogo a problemática da castração num duplo movimento, em que o saber e o não saber sobre a castração feminina ocorrem simultaneamente. Ele facilita ao sujeito dissimular uma incompatibilidade entre a crença, à qual não quer renunciar, e a percepção da realidade que a desfaz. Em "O fetichismo" (1927), as complexidades clínico-teóricas da recusa à realidade são descritas a partir de uma subjetividade dividida entre duas realidades contraditórias: a recusa e o reconhecimento simultâneos da ausência do pênis na mulher, a castração. A leitura feita por Vladimir Safatle, na presente coleção, do texto de 1927, dá destaque ao processo pelo qual o fetiche concilia duas afirmações incompatíveis: o desmentido é correlato a um deslocamento de valor, o sujeito transfere o significado do pênis para uma outra parte do corpo ou para um objeto no qual investe.

Porém, contrariamente ao que se costuma pensar, Freud jamais pretendeu reduzir a renegação (desmentido) e sua resultante à clivagem no eu (*Ichspaltung*), à patologia do fetichismo ou mesmo a qualquer transtorno psicótico. Prova disso é que no próprio artigo sobre fetichismo identificou o ato de desmentir em casos de neurose obsessiva esclarecendo, com isso, que a clivagem neurótica é uma forma de suspensão de conflito. No fim da vida e da obra, Freud acrescenta que a *Verleugnung* e a *Ichspaltung*, do mesmo modo que a denegação (*Verneinung*), o recalque (*Verdrängung*) e a repressão (*Unterdrückte*) fazem parte dos processos de socialização e de constituição simbólica da cultura, da religião e dos povos. Ou seja, a recusa à realidade (desmentido) e a clivagem do eu em *Moisés* foram estendidas à história da formação de um povo e de sua religião. Na verdade, lendo *Totem e tabu*, o mecanismo do desmentido, embora ainda não conceituado, é descrito de modo preciso na passagem em que os filhos, ao perceber a morte do pai, se angustiam e, imediatamente, renegam o ocorrido tornando a vontade paterna mais forte do que nunca...

Depois de Freud, Lacan referenda a *Verleugnung* ao real do ato cujos efeitos sob o sujeito são aqueles do desmentido.[66] Dito de outra forma: o desmentido funciona como representante do ato cometido pelo sujeito e expõe sua divisão radical. Com isso, Lacan radicalizava a distinção que Freud operou entre esse mecanismo de defesa e a denegação (*Verneinung*), a suspensão do conteúdo recalcado cuja existência o eu aceita graças à própria negativa. A apreensão lacaniana do desmentido é de extrema importância para a leitura de *O homem Moises*, uma vez que Freud insistirá que o desmentido do assassinato do pai da horda no judaísmo retorna em ato, e não pela via da recordação como acontece no totemismo e no cristianismo. Na atualidade, a obstinação com que Freud, em sua ficção poético-teórica, persegue uma outra modalidade de negatividade que não a da denegação, ou seja o desmentido, encontra finalmente, a partir das contribuições de Lacan, lugar nos trabalhos de muitos autores.

---

[66] Sobre o conceito de *Verleugnung* na obra de Lacan, recomendo o livro *A foraclusão: presos do lado de fora*, de Solal Rabinovitch.

Rey-Flaud considera que o aporte teórico inédito de *O homem Moisés* é a distinção fundamental entre a teoria do recalque, a abertura ao simbólico que efetua a perda da percepção abandonada e a teoria do desmentido, a abertura ao simbólico que mantém uma percepção abandonada. Para medir a força dessa diferença, ele constrói uma fórmula, em base a análise do "O homem dos ratos" ("Meu pai está morto e eu não sabia") e a contrapõe à fórmula que dá conta da ficção do assassinato de Moisés: "Meu pai está morto / Ele não está morto posto que me escolheu."[67] Essa é, na visão do autor, a temática metapsicológica da obra de 1939. Por sua vez, Brigitte Lemérer, chamando atenção para o fato de que a articulação teórica principal de *O homem Moisés* é a *Verleugnung*, sustenta que, para Freud, o desmentido do assassinato do pai é o fundamento daquilo que constitui a particularidade do judaísmo, sem que com isso o autor o tivesse classificado como uma forma de perversão ou de fetichismo. A intenção do pai da psicanálise, segundo a autora, foi a de mostrar aos analistas, tanto no "Moisés de Michelangelo" quanto em *O homem Moisés,* que as operações psíquicas em jogo na escrita psíquica se encontram também em jogo na escrita da História. Nessa mesma linha, Solal Rabinovitch, partindo do princípio de que a ficção teórica freudiana fixa o real do assassinato do pai da horda, demonstra que o mecanismo do desmentido exigiu de Freud a construção de

---

[67] H. Rey-Flaud, op. cit., p. 189.

um segundo assassinato, capaz de reordenar a história psíquica do indivíduo e a da comunidade humana. A unanimidade entre os autores pode ser resumida na seguinte fórmula: Freud se apoiou nos mecanismos de denegação e do desmentido para extrair diferentes consequências teórico-clínicas do evento nuclear da pré-história da família humana — construído em *Totem e tabu* — e da pré-história do monoteísmo.

Não é, portanto, casual que a *Verleugnung* tenha produzido mudanças no dispositivo de interpretação psicanalítica. O desmentido indica que houve uma tentativa de apagar as marcas da verdade de maneira semelhante ao que se faz num crime no qual "a dificuldade não está na execução do ato, e sim na eliminação de seus rastros".[68] A analogia entre escritura de um texto e um crime aponta para uma estratégia de trabalho clínico e crítico bastante diferente. Cito Freud:

> À palavra "distorção" (*Entstellung*) poderíamos dar o duplo sentido ao qual tem direito, embora ela não faça uso dele hoje. Ela não deveria significar apenas "modificar a aparência", mas também "colocar em outro lugar, deslocar para outra parte". Assim, em muitos casos de distorções dos textos podemos contar com o fato de encontrar escondido em algum lugar aquilo que foi reprimido (*Unterdrückte*) e desmentido (*Verleugnete*), embora modificado e arrancado do contexto. Só que nem sempre será fácil reconhecê-lo.[69]

---

[68] *O homem Moisés*, p. 76.
[69] Ibidem.

Como desvelar um desmentido? Deve-se submeter os indícios do "crime", as desfigurações do texto (divergências, lacunas e restos cifrados, como letras, traços e inscrições) à leitura. Para explicar melhor o que isso significa, voltemos a "O Moisés de Michelangelo", escrito em que Freud transformou em letra, como vimos, alguns restos da estátua renascentista até chegar à verdade que, deslocada e modificada, isto é, desfigurada, não era assimilada pela crítica de arte. Em função desse tratamento ao que se apresenta cifrado, o historiador Carlo Ginzburg situou a psicanálise no "paradigma indiciário".[70] Trata-se de (re)construir um determinado processo a partir de indícios, de restos imperceptíveis e das lacunas na escrita. Esse foi o maior obstáculo que Freud enfrentou durante a escrita de *O homem Moisés* mas é, simultaneamente, o que o torna uma das grandes lições clínicas que nos legou: a escrita, seja psíquica, seja a dos documentos históricos, apresenta distorções, desfigurações e lacunas que demandam do analista uma construção.

Ora, é preciso, então, defender a ideia de uma forte intertextualidade entre três escritos freudianos da mesma época: *O homem Moisés*, "Construções em análise" e a "Clivagem do eu nos processos de defesa". São obras que enfatizam a revisão de certos princípios

---

[70] Em base ao trabalho de Freud do Moisés de Michelangelo, Carlo Ginzburg (1989) inscreveu no paradigma epistemológico indiciário a psicanálise, o método de decifração de quadros falsos inventado por Giovanni Morelli, o procedimento de Conan Doyle, o inventor de Sherlock Holmes e o pensamento de Charles Sanders Pierce.

fundamentais da teoria freudiana, fundada sobre dois pilares: a metapsicologia e o mito. Nesse sentido concordo com a tese de Rey-Flaud de que o conceito de desmentido alcança na segunda tópica a mesma importância do recalque, o mecanismo metapsicológico que fundamenta a primeira tópica freudiana. Um novo cenário se abriu: o desmentido e a clivagem do eu roubam a cena da denegação, do recalque e da repressão, e com isso as fronteiras da técnica analítica se alargaram.

Resumindo o presente capítulo: a Bíblia, a situação histórica vivida por Freud enquanto judeu da diáspora de língua alemã, o devir judeu e o devir da psicanálise atravessam a escrita de *O homem Moisés*. Ocorre que um pensamento excede o contexto em que foi criado, embora não seja independente dele. Ou seja, por mais que uma leitura histórica seja importante e indispensável à apreensão do testamento freudiano, o fato é que nenhum psicanalista pode dissociar a obra de 1939 dos acontecimentos teóricos — *Historische Wahrheit* (verdade histórica) e *Verleugnung* (desmentido) — que garantem a atualidade dessa obra inédita escrita às vésperas do apagar das luzes civilizatórias. Passemos, então, aos três ensaios que a compõem.

MOISÉS, UM EGÍPCIO: O IMPOSSÍVEL DA IDENTIDADE

Da multiplicidade de pessoas psíquicas

A psicanálise foi concebida no cerne de um tempo em que todos os aspectos da vida social, bem como o mundo das ideias, sofriam transformações. A modernidade chegou derrubando muitos preconceitos e desconstruindo uma tradição de alguns séculos no campo da arte e da literatura. Como qualquer outra época em que o fluxo do "tornar-se" moderno invade a cultura, os movimentos da vanguarda modernista provocavam mutações, angariando fortes simpatias assim como foram, muitas vezes, identificados como agentes de destruição da ordem. Segundo a tese do já citado crítico literário Jacques Le Rider, o jogo interminável entre a ordem e a desordem social que ocorria em Viena nessa época provocou uma explosão generalizada de "crises de identidade" no sujeito, no conjunto deles e sobretudo no que define este conjunto: a cultura. Numa análise instigante de obras literárias e artísticas representativas do fim do século XIX e do início do século seguinte, Le Rider mostra que a chegada tardia da modernidade à capital austríaca, se comparada à situação de cidades como Berlim e Paris, antecipou a temática dos processos políticos identitários que informam a questão da subjetividade na contemporaneidade. Para o crítico literário, Freud, ao alocar o tema das identificações no centro da teoria do inconsciente, teria não apenas construído um novo modelo de apreensão do indivíduo, como também criado ferramentas precisas para interrogar a heterogeneidade constitutiva do coletivo.

Ao introduzir em uma linguagem específica o conceito de identificação, a partir do questionamento das noções de permanência, continuidade e coesão tradicionalmente ligadas à categoria filosófica de identidade, a psicanálise desvelou o caráter ilusório da mesma. A rigor, Freud (desde sempre um "cientista da alma" e contrário ao privilégio dado pela ciência positivista à coerência e à identidade como formas de verdade) descreveu o fato da identificação como uma "multiplicidade de pessoas psíquicas"[71] que constituem o eu. Desde então, o múltiplo ganha um lugar especial no centro de sua teoria e à identidade, a categoria que confere a alguém uma essência ou que permite afirmar duas pessoas ou coisas como iguais, passa a ser problematizada. O conceito de identificação pressupõe uma impossibilidade de realização de qualquer identidade fixa e imutável. Jean Florence, num texto canônico, "As identificações", mostra que o caráter que Freud imprime à identificação é processual e inacabado, o que corresponde à ideia de que o sujeito é marcado pelo Outro, pelo heterógeno em relação a si mesmo. O autor sugere que a insistência de

---

[71] Freud & Fliess, op. cit., p. 242.

Freud no papel das identificações na formação do Eu tornou a psicanálise uma disciplina totalmente voltada à alteridade; o que obriga a seus herdeiros sustentar, na prática e na teoria, que o sujeito do inconsciente não se enquadra na categoria do mesmo.

A elaboração do conceito de identificação compreende um longo período de desenvolvimento que abrange o início e o final da obra freudiana; sendo que tanto em *A interpretação dos sonhos* (1900) quanto em *O homem Moisés*, Freud mobilizou suas próprias identificações, conforme se lê em ambos os textos, para levar adiante esse conceito central da psicanálise. Um olhar atento sobre *A interpretação dos sonhos* penetra diretamente na exposição de suas experiências psíquicas em pleno caldeirão político da Viena *fin de siècle*, sobre o qual foram assentadas as bases teóricas do conceito de identificação. Portanto, penso que não seria descabido, neste momento, retornar à obra inaugural da psicanálise antes de passar à construção da saga de Moisés, o egípcio. Nesse trajeto, devemos seguir à risca o convite de Freud ao leitor para mergulhar com ele nos "mais minuciosos detalhes de [sua] vida"[72] e acompanhar os meandros do método clínico que fornecia as bases de sua teoria.

Consideremos a análise dos quatro "Sonhos romanos", um modelo paradigmático do fenômeno da identificação como condição do elo social que o sujeito estabelece com o outro, tanto no plano da relação imaginária com o mesmo, quanto na troca simbólica.

---

[72] S. Freud, *A interpretação dos sonhos*, p. 122.

Numa série de quatro sonhos com a cidade de Roma, o sonhador apresenta as fronteiras do inconsciente — o país do Outro — fora de qualquer parâmetro geopolítico, de acordo com uma lógica incompatível com o idêntico a si mesmo. Na sequência do relato e da análise de cada um dos sonhos, Freud, mobilizando algumas de suas próprias identificações inconscientes, recupera uma importante lembrança infantil: quando menino, ao ouvir do pai o relato de uma cena em que fora ofendido pelo fato de ser judeu, percebeu a resignação diante dos maus-tratos daquele homem que o levava a passear pelas ruas de Viena. Indignado com a falta de heroísmo de Jacob, Freud contrapôs à cena de humilhação uma outra, para melhor responder às expectativas e sentimentos de uma criança: "A cena em que o pai de Aníbal, Amílcar Barca, faz o filho jurar diante de um altar doméstico que se vingará dos romanos."[73] A história do general cartaginês foi marcada por esse juramento e Freud o admirava, sobretudo, porque o juramento representava uma oposição a Roma, ou melhor, à organização que impunha aos indivíduos através da força um conjunto de crenças, dogmas e ritos: a Igreja Católica.

No cômputo geral, as memórias extraídas da análise do conteúdo latente de cada um dos sonhos romanos revelam o desejo de Freud de visitar Roma, e um conjunto de relações entre personagens que não se chega a conhecer a não ser, justamente, acompanhando o jogo

---

[73] Ibidem, p. 218.

das identificações. Nesse embaralhar de traços particulares, o intérprete moderno dos sonhos coloca numa relação de proximidade o que é tido como disjuntivo: "judeu resignado" e "herói catarginês". Assim, a ambiguidade do *unheimlich*, isto é, o familiar/estrangeiro, se revela nos significantes "resignação-heroísmo" e "cartaginês-judeu". Eles dão corpo à expressão "multiplicidade de pessoas psíquicas", colocando em evidência a coexistência de identificações contraditórias em nossa terra de asilo interior, o inconsciente. Nesse lugar, as identificações não cessam de demonstrar a verdade de que o eu é estrangeiro a si mesmo. Em função disso, é mais do que legítimo dizer outra vez que a psicanálise, desde a sua fundação, subtrai a importância da noção de idêntico e faz valer a condição de estrangeiro como propriedade de todos.

Aí estão, parece-me, os alicerces dos dois primeiros ensaios de *O homem Moisés*. Um estudo eminentemente histórico sobre a origem do povo judeu que, à luz do estudo psicanalítico exposto no terceiro ensaio, permite apreender a genialidade com que Freud amplia a condição de estrangeiro do sujeito: a identidade de um povo advém de fora.

O filho do outro

"Moisés, o egípcio" é uma afirmativa que exigiu do pai da psicanálise confessar, logo nas primeiras linhas, estar tomado pela angústia de privar um "povo do homem que celebra como o maior de seus filhos". Tarefa que diz não empreender "de bom grado", principalmente pelo fato de pertencer a esse povo. Trata-se de desconstruir uma identidade: Moisés, o legislador e fundador do monoteísmo, era um estrangeiro, um "fora-do-lar" judeu. Apesar do aparente paradoxo, tal afirmativa não é estranha à tradição judaica: no Zohar, coletânea de textos oriundos da leitura-escritura da Torá, Moisés é reconhecido como um homem estrangeiro que revelou ao povo do deserto a alteridade do nome de Deus. Na verdade, até mesmo a cultura popular judaica atribui ao líder dos hebreus no deserto uma origem egípcia, como se pode constatar no relato de um chiste que Freud apresenta em uma de suas conferências:

> Perguntaram a um menino judeu muito inteligente: "Quem foi a mãe de Moisés?"; e ele responde: "A princesa egípcia". "Não" — lhe recordam — "ela apenas retirou o bebê das águas." Ao que a criança respondeu: "Isto foi o que ela disse", demonstrando haver encontrado a interpretação correta do mito.[74]

E se quisermos nos valer das especulações mais contemporâneas acerca da egipcidade de Moisés, basta citar as pesquisas do egiptólogo Jan Assman que, em *Moisés, o egípcio: a memória do Egito no monoteísmo ocidental* (1998), traz um inventário exaustivo de dados confirmativos sobre a origem estrangeira do fundador

---

[74] S. Freud, "Nuevas conferencias de introducción al psicoanálisis" (1932), vol. XXII, p. 147.

da ancestralidade egípcia do monoteísmo ocidental. Ora, diante dessa pluralidade de vozes que, de uma maneira ou de outra, reivindicam a egipcidade de Moisés resta identificar o que há de singular na assertiva freudiana "Moisés, um egípcio".

"O menino cresce e [a mãe] o faz vir para a filha do faraó. É um filho para ela. Ela clama [por] seu nome: 'Moshé.' Ela diz: 'Sim, eu o retirei da água'" (Êxodo 2:10). Nesses termos, a Bíblia revela o sentido etimológico do nome hebraico dado à criança que a princesa salva: "Porque o retirei das águas." Mas os historiadores modernos encontram uma outra origem para o nome da criança. Em *História do Egito*, J. H. Breasted revela que o nome Moisés foi extraído do léxico egípcio "Mosé", cujo significado é "filho", constitui uma abreviação da forma mais completa de nomes como, por exemplo, Amen-mose, "filho de Amon" ou Path-mose, "filho de Path". Outros historiadores chamaram a atenção para o fato de que o termo "Mosé" compõe uma série de nomes teófonos como Ab-mosé, Thutmose e Rá-Mosé (Ramsés). Entre todos os egiptólogos, era voz corrente que Moisés tinha se mostrado um homem inteiramente familiarizado com a sabedoria do Egito. Fato, aliás, amplamente reconhecido pela tradição judaica: "Aliás, não é a filha do faraó que o retira do Nilo, lhe dá o seu nome e o cria?" (Êxodo 2:10).

Considerando que tanto o argumento do nome, quanto o da inserção cultural do legislador e fundador do monoteísmo não eram suficientemente fortes para contradizer a adoção do menino judeu pela princesa egípcia e tornar viável o reconhecimento da nacionalidade do "grande homem",[75] Freud foi buscar outras pistas que não as historiográficas. No *Mito do nascimento do herói*, de Otto Rank (1961), analista e grande teórico da psicanálise, ele encontra o fio de Ariadne: secretário da Sociedade Psicanalítica de Viena quando da publicação do livro, Rank demonstrou a hipótese de uma recorrência estrutural de fantasias infantis nas narrativas míticas sobre personagens heroicos. Em qualquer mito, o relato é iniciado invariavelmente pelo anúncio (sonho ou oráculo) do nascimento de um menino como ameaça ao pai — homem nobre —, que, por sua vez, manda matar o filho. A criança, abandonada em um cesto, nas águas ou num bosque, é salva por animais ou pessoas humildes e, já rapaz, retorna ao local do nascimento e triunfa sobre o pai tirano, assassinando-o. Nesse momento, reconhecido pela bravura de seu ato, alcança a glória de herói junto à comunidade. Mesmo na lenda de Édipo, cuja narrativa foge à regra do casal humilde que cria o menino, é possível identificar ocorrências idênticas às de outros mitos a partir da transparência das duas famílias nobres envolvidas no abandono e na adoção da criança. Édipo é a exceção que confirma a regra.

"Ela vê a criança e eis: Um menino chora! Ela se apieda dele e diz: Eis um filho dos hebreus" (Êxodos 2:6). A história bíblica coincide com a do mito do nascimento do herói apenas num ponto: a garantia

---

[75] *O homem Moisés*, p. 36.

de que a criança abandonada pela mãe sobreviveu "apesar de poderosas forças externas".[76] De resto, o relato da infância de Moisés diverge de outros mitos em todos os aspectos: o nascimento do menino não foi anunciado pelo oráculo como uma ameaça ao pai; a criança não é salva pelos animais ou pessoas de condição inferior, mas, ao revés, é abandonada por uma mãe pobre e adotada pela família real; ao crescer não triunfa sobre o pai, mas se consagra ao destino ético de assegurar a transmissão do que recebeu de herança: a Lei. O abandono do menino ao leito do rio Nilo e o seu recolhimento pela princesa responde, desde a perspectiva freudiana, à fantasia infantil de toda criança que superestima o casal parental na infância para, na adolescência, criticá-lo e desvalorizá-lo. Essa cena conhecida por "romance familiar da criança" é a fonte poética do mito do nascimento do herói. Portanto, a duplicidade das famílias no mito nada mais é do que uma encenação da experiência própria do infantil. Na saga do nascimento dos heróis, o relato de que a criança é de origem nobre, mas educada por uma família humilde, é apenas um artifício usado para garantir a grandeza do herói.

Por que no "caso" Moisés a situação aparece invertida? Tomando como base a especulação de Rank de que o recolher a criança das águas é um símbolo do parto, Freud vira pelo avesso a narrativa: a família que abandona a criança é a inventada e a família real egípcia,

---

[76] Idem, p. 40.

a que salva a criança das águas, é a efetiva. São esses detalhes — a cena de abandono e o recolher a criança das águas — que acionam a condição egípcia do legislador judeu: "Moisés é um egípcio, provavelmente um nobre, que a lenda pretende transformar em judeu."[77] Ao contrário do herói mítico que normalmente se eleva acima de seus começos, o grande homem iniciou a vida de herói descendo de sua posição socialmente elevada ao povo. A divergência entre a narrativa bíblica e a dos outros mitos é apenas o efeito da tentativa dos hebreus de apagar a origem estrangeira do fundador do judaísmo.

A origem estrangeira de Moisés dá início à construção com a qual Freud alcançará ratificar, de forma inusitada, o processo de constituição da subjetividade, exposto desde o "Projeto para uma psicologia científica" (1895), texto em que delineia as primeiras reflexões sobre a presença do Outro familiar/estrangeiro na gênese do eu. Assim, ao estender esse processo à constituição de um povo, Freud contrapõe o estrangeiro, a alteridade, à noção de identidade. Como veremos a seguir, aquilo que vai garantir a validade da assertiva "Moisés, o egípcio" é o desdobramento em uma outra afirmação não menos escandalosa, tanto para os judeus quanto para a cultura ocidental: "Moisés, o estrangeiro" — cria um povo que, por sua vez, irá se transformar na figura paradigmática do estrangeiro de si mesmo.

---

[77] Idem, p. 41.

A invenção do povo judeu

Provar a condição egípcia de Moisés não é uma coisa fácil, adverte Freud logo no início do segundo ensaio, cujo título está devidamente registrado no condicional: "Se Moisés era um egípcio." O terreno no qual percebe estar entrando, o da probabilidade, "não é necessariamente o verdadeiro e a verdade nem sempre é provável",[78] principalmente quando se trata de desvelar restos que sinalizam o que se tentou apagar na escrita. Eis que a afirmativa do primeiro ensaio, "Moisés, um egípcio", não resiste às primeiras inferências e provoca uma série de novos enigmas. Por que um nobre egípcio teria escolhido uma multidão de incultos para liderar e o que fez com que esses aceitassem sua proposta? Como um egípcio, supostamente um crente na imortalidade da alma, na magia, na feitiçaria, praticante do politeísmo, pôde instituir o monoteísmo entre o povo judeu, cuja religião sempre se mostrou rigorosamente fiel a um único Deus, despida de rituais mágicos e avessa à imortalidade da alma? Para respondê-lo, Freud precisou trocar temporariamente a "literatura piedosa"[79] pela literatura moderna da história. É nela que encontra um fato histórico que iria lhe abrir novas perspectivas para provar a assertiva "Moisés, um egípcio".

Tudo começara na dinastia XVIII, cerca de 1375 a.C., época de florescimento no Egito, quando Amenófis IV,

---

[78] Idem, p. 45.
[79] Idem, p. 64.

filho de Amenófis III, baniu o culto do deus Amon, o politeísmo e o paganismo então vigentes, impondo como religião do Estado a obrigação de adorar somente um novo deus, o deus Sol Aton. Além disso, mudou seu nome para Ikhnaton em homenagem à nova religião, construiu para si uma nova residência, proibiu a crença na vida futura após a morte e instaurou o mesmo princípio vital que mais tarde seria propagado pelos profetas judeus: exigência de fé e "uma vida na verdade e na justiça".[80] Mas sua morte prematura deu lugar a que forças hostis às mudanças que impôs durante seu reinado retomassem violentamente o poder: o nome Ikhnaton foi banido e todas as representações e templos de Aton destruídos, numa tentativa de apagar os rastros da revolução teológico-política que trouxera aos egípcios.

Desde então, aquele período de relativo esplendor do Egito caiu no esquecimento ao longo de muitas gerações, sendo redescoberto no século XIX. Em poucos anos, estudos sobre os feitos do faraó se expandiram além do campo dos historiadores e egiptólogos, entrando em voga no círculo de intelectuais europeus. Karl Abraham (1965), um dos discípulos mais próximos de Freud, chegou a publicar um artigo na revista *Imago* sobre Ikhnaton e o culto monoteísta de Aton, que obteve repercussões dentro do próprio movimento psicanalítico. Abraham havia feito uma grande pesquisa no Museu de Berlim sobre a vida do faraó. Seu método de trabalho consistiu em aplicar a teoria do

---

[80] Idem, p. 85.

complexo de Édipo a esse personagem histórico até diagnosticá-lo como neurótico. Em carta datada de 3 de junho de 1912, Freud expressa ao dileto discípulo sua divergência em relação às ideias desenvolvidas no artigo. Por princípio, se para a psicanálise os complexos e defesas psíquicas são propriedades de todos os homens — normais ou não — então só podem ser diagnosticados como neuróticos aqueles que apresentam algum quadro de inibição. E certamente o faraó, o grande político herético que trouxera ao povo uma revolução sem precedente no domínio espiritual, não era um homem inibido. Para tornar ainda mais aguda essa leitura da carta de Freud endereçada a Abraham, acrescentaria que o faraó não foge da satisfação pulsional envolvida em seu ato, ao contrário, ele inaugura uma nova ética e concepção de religião que, posteriormente, assumiria enorme valor para a humanidade (Rudge & Fuks, 2011).

Talvez tenha sido em função de sua discordância teórica em relação a Abraham que Freud sequer comentou seus estudos em *O homem Moisés*. Enquanto a pesquisa do colega ficou restrita ao exercício de reencontrar a teoria psicanalítica nos dados históricos da vida do faraó, o fundador da psicanálise se serviu desses mesmos dados até onde não mais faziam sentido, e a partir daí seguiu algumas pistas para confirmar a egipcidade de Moisés. Da revolução iconoclasta de Ikhnaton, Freud formulou a proposição de Moisés ter sido um príncipe egípcio ou um sacerdote servidor da nova religião que, imbuído do desejo de transmiti-la à posteridade, elegeu uma série de indivíduos (designados no texto freudiano de neoegípcios semíticos ou de ex-egípcios) e os retirou com firmeza do Egito, quando do retorno do culto de Amon. Assim foi que ele extraiu um primeiro enunciado para validar a hipótese perseguida: Moisés criou o povo judeu instituindo sua "própria religião, *uma* religião egípcia, embora não *a* egípcia".[81]

É o caso do leitor perguntar: e as belas e comoventes passagens bíblicas do Êxodo — as dez pragas que atingem o Egito, a saída heroica do povo escravo pelas mãos do jovem hebreu adotado pela princesa e a travessia pelo Mar Vermelho? Não passam de desfigurações da escrita sagrada, tentativas de apagar a origem estrangeira de Moisés, segundo a lógica freudiana. Desvelá-las para responder de que modo a exterioridade (egípcia) se transformou em interioridade (judaica) é a questão prioritária do segundo ensaio. Bruno Karsentini resume brilhantemente a proposição escandalosa que, apesar de todos os obstáculos, Freud quer comprovar: "Os judeus são judeus em Moisés, que não o é."[82]

Embora o roteiro atribuído ao reinado do faraó iluminado se preste à fixação da egipcidade de Moisés, Freud esbarra em outros dados historiográficos francamente contraditórios. Ed Meyer, um eminente historiador, descobriu que as tribos judaicas, das quais mais tarde surgiu o povo de Israel, haviam adotado uma nova religião em Meribá-Cades, um grande oásis

---

[81] *O homem Moisés*, p. 49.
[82] Bruno Karsenti, *Moïse et l'Idée de Peuple*, p. 13.

no deserto palestino, localizado entre a saída oriental da Península de Sinai e a fronteira ocidental da Arábia. Essa religião provavelmente tinha sido fundada, segundo as pesquisas do historiador, por Moisés, um pastor de Midian, genro de Jetro, adorador de Jeová, um deus vulcânico, espécie de demônio sinistro ávido de sangue que, segundo a lenda, vagava à noite pelo deserto e era venerado pelas tribos que habitavam o entorno do oásis. Hipótese que contradizia frontalmente o relato do êxodo do Egito e o da fundação do monoteísmo ao pé do Sinai: "Moshè desce da montanha até o povo. Consagra o povo e eles lavam suas túnicas" (Êxodo 19:14-5). Para Meyer, a narrativa bíblica cantada em prosa e verso sobre a saída do Egito não passava de uma lenda. Assim, no lugar de um egípcio nobre da religião de Aton, o fundador da psicanálise encontra um simples pastor midianita. E, mais uma vez, teve a impressão de que o fio de sua hipótese se rompia, não fossem outros dados da história bíblica que o historiador não chegava a negar, embora não soubesse como integrá-los à sua própria construção — tais como a passagem dos judeus pelo Egito e o costume judaico da circuncisão, derivado direto das terras do faraó. A partir desses restos sem sentido, Freud formula novos enigmas — se os hebreus estiveram de fato no Egito e praticavam a circuncisão, de que modo explicar o episódio de Cades narrado pelo historiador? Como tribos semitas unidas em torno de um deus sanguinário deram origem ao judaísmo, uma religião altamente espiritualizada? — e com eles retorna aos livros da tradição.

Num deles, encontra um livro sobre o *Êxodo* escrito por Ernest Sellin, estudioso do texto da escola exegética alemã. Baseado em certas passagens de Oseas e outros profetas, Sellin sustenta que Moisés tinha sido assassinado num levante popular. De imediato, subscreve essa interpretação, mesmo tendo aventado a probabilidade de não estar correta; afinal, era a peça do quebra-cabeça que faltava, principalmente porque coerente com o mito psicanalítico das origens. Foi preciso apenas adaptar o achado à cronologia de sua própria construção: os hebreus assassinaram Moisés logo após a saída do Egito, no século XVIII a.C., numa rebelião contra a religião "altamente espiritualizada"[83] que ele lhes impôs. A partir desse ponto, Freud retorna ao texto bíblico e, sem contradizer os resultados confiáveis da investigação histórica, começa a integrar a hipótese da condição egípcia de Moisés ao cenário de *Totem e tabu*. O mito do parricídio obtém — da mesma maneira como o mito do nascimento do herói tem na construção da assertiva "Moisés, um egípcio" — um papel fundamental. Sem esses arquivos, o "todo teria de permanecer sem ser escrito",[84] isto é, a construção do texto teria naufragado e tanto a verdade material colhida da literatura histórica, quanto a narrativa bíblica permaneceriam letras mortas. À hipótese de Sellin, Freud agrega o saber psicanalítico: os judeus repetiram o assassinato do pai da horda na pessoa de Moisés,

---

[83] *O homem Moisés*, p. 81.
[84] Idem, p. 93.

mas, no lugar de rememorar, despertaram sua marca mnêmica reatualizando o crime em ato. Em seguida, porém, o povo desmente o ocorrido, eliminando os traços do assassinato. Desmentido que Freud, por sua vez, desvenda nas deformações (*Entstellung*) do texto, nas lacunas existentes entre o êxodo (Moisés egípcio) e o compromisso de Cades (Moisés midianita).

Assim, os detalhes que Meyer havia deixado à margem, por não saber ligá-los à sua própria hipótese (a passagem dos hebreus pelo Egito e o costume da circuncisão oriundo dessa região), vão sendo submetidos à leitura e importados à construção da pré-história do monoteísmo. São esses restos que levam Freud a deduzir que, na pré-história do judaísmo, houve um compromisso entre duas tribos aparentadas: a que abandonou a religião de Aton, depois do assassinato de Moisés, e a tribo dos Levitas, que havia permanecido fiel às doutrinas do grande homem. A partir daí, num gesto audacioso, Freud transfere a aliança bíblica entre Abraão e Jeová para o compromisso de Cades, a linha divisória entre o monoteísmo egípcio e o monoteísmo judaico, sempre atual (Rabinovitch, 1999). Cades coloca em marcha o futuro de um povo sob a marca dolorosa de uma primeira dualidade advinda do fato de que "uma parte do povo teve uma experiência que cabe avaliar como traumática e da qual a outra se manteve distante".[85]

Estabelecida essa construção final, tudo o que é relativo à fundação do povo e do monoteísmo é duplicado:

---

[85] Idem, p. 87.

dois fundadores (Moisés egípcio e Moisés midianita), duas fundações do monoteísmo, dois deuses antinômicos: Jeová e Aton. Em nome da primeira divindade, praticava-se a magia e a feitiçaria, enquanto em nome da segunda, a tradição manteve a proscrição dessas práticas em favor da glorificação do sol como símbolo de um ser divino cuja energia se manifestava em seus raios, numa "premonição espantosa do conhecimento científico sobre o efeito da radiação solar".[86] Na fusão das duas divindades, Jeová recebeu honras imerecidas em Cades e a ele foi atribuída a liberação dos judeus, por isso expiando duramente: "A sombra do deus cujo lugar ele tomara tornou-se mais forte do que ele; no fim do desenvolvimento, tinha surgido por trás de seu ser o deus mosaico esquecido."[87] Freud equipara essas dualidades àquelas que encontra no próprio Livro dos livros: dois povos, os judeus e os semitas, formando os filhos de Israel; dois reinos nos quais a nação se dissocia após a dinastia do rei Salomão (o reino de Judá e o reino de Israel) e que se separam ao sul e ao norte; dois nomes divinos (Jeová — IHVH — e Elohims), dos quais se originam duas fontes escriturárias, J e E. Enquanto Jeová é o escrito indizível do Nome que institui a unicidade de Deus, como veremos detalhadamente mais adiante, o segundo nome é plural — Elohims (meus deuses) designa as potências criadoras do universo. "No princípio Elohims criava os céus e

---

[86] Idem, p. 94.
[87] Idem, p. 85.

a terra" (Gênesis 1:1).[88] Freud, portanto, não está tão longe pelo menos de uma das fontes escriturárias da Bíblia ao propor a destituição do caráter único de Deus dos judeus.

Na verdade, em relação às dualidades bíblicas, o autor de *O homem Moisés* não emite críticas; muito ao contrário, importa-as à construção do texto.[89] Por fim, uma vez desveladas as dualidades subjacentes à fusão transformadora da alteridade egípcia em interioridade judaica, a assertiva inicial "Moisés, um egípcio" se impõe e ganha, em termos formais, um novo sentido: "Moisés, o estranho", o estrangeiro que inventou os judeus. Fecho aqui, por enquanto, o estudo histórico que compõe os dois primeiros ensaios, que redundou na construção da verdade histórica do judaísmo, para retomá-lo no próximo capítulo, à luz das "discussões psicológicas que deles partem e a eles retornam repetidamente no terceiro ensaio".[90]

Estrangeiros para si mesmos

Na leitura conduzida até agora, é possível argumentar que o estrangeiro na constituição de uma identidade é o ponto sobre o qual *O homem Moisés*

---

[88] Elohims: no plural (daí a letra "s" acrescida à transcrição) designa na Bíblia o Deus dos hebreus, e, nas línguas semíticas, o conjunto das divindades. Há um paradoxo em virtude do qual o Deus único dos hebreus é designado, na Bíblia, por um nome plural, com ou sem o artigo, Elohims, os Elohims (cf. André Chouraqui, *Gênesis*).

[89] Cf. Bruno Karsentini (2012).

[90] *O homem Moisés*, p. 94.

reitera o princípio psicanalítico de que a origem do sujeito, individual e coletivo, advém do Outro, do heterogêneo em relação ao si mesmo; do estrangeiro como condição da identidade. Além disso, vimos que é na castração do outro que age a cisão do eu (*Ichspaltung*), impedindo definitivamente ao sujeito, individual e coletivo, constituir-se idêntico a si mesmo. Divisão insolúvel. Ela condena o eu a adiar permanentemente sua realização. Lacan considera essa característica da condição humana como a verdade mais decisiva da descoberta freudiana e a partir dela extrai a concepção do lugar excêntrico da subjetividade expressa pelo neologismo — ex-timidade (ex e íntimo). Esse é o ponto de partida da teoria lacaniana, conforme apontado por diversos autores, para a apreensão sociopolítica da cultura.[91] Ela nos servirá na leitura de algumas passagens importantes do testamento de Freud.

Visto dessa maneira, podemos sustentar que, se em *A interpretação dos sonhos* Freud já anunciava a excentricidade radical de si mesmo com a qual o homem se confronta, em *O homem Moisés*, prolongando a temática da identificação ao pai morto desenvolvida em *Totem e tabu* e em *Psicologia das massas...*, nos encontramos frente a frente com o impossível da identidade no campo das formações coletivas. Assim, o conceito psicanalítico de identificação obtém um papel central na obra de 1939, finalizando a estruturação de um modelo epistemológico no qual a identidade

---

[91] Cf. *Lacan y lo político*, de Stavrakakis, 2007.

nada mais é do que uma pluralidade de diferentes vínculos identificatórios, estabelecidos em função de uma perda fundamental que instaura o desejo. Nesse registro, conforme o que aprendemos no capítulo nono de *Psicologia das massas...*, a identificação a um traço único do objeto amado e perdido introduz o sujeito na ordem simbólica sob a forma de pura diferença, assegurando o porvir de uma série de outras identificações sob a influência atrativa do eu ideal e do ideal do eu. O emaranhado de identificações advindo desse processo desvela, no texto freudiano, a verdade da constituição do eu: "Cada indivíduo participa de muitas psiques de massas, a de sua raça, sua classe, sua comunidade religiosa, seu Estado etc. [...], e pode, indo além delas, se elevar até um fragmentozinho de independência e de originalidade."[92]

Trata-se, por conseguinte, de defender a ideia de que as expressões "judeu-cartaginês", formulada no início deste capítulo, a partir dos sonhos de Freud com a cidade de Roma (livro dos sonhos), e aquela que se pode criar em função dos dois primeiros capítulos da obra de 1939 ("judeu-egípcio") exprimem a relação identificatória pela qual o que se é está presente/ausente no outro. A rigor, o sujeito persegue sua identidade subjetiva identificando-se com objetos coletivos que jamais chegam a recobrir sua falta constitutiva e brindar imaginariamente (eu ideal) ou simbolicamente (ideal do eu) a completude real perdida. Não há nada

---

[92] S. Freud, *Psicologia das massas e análise do eu*, vol. XVIII, p. 122.

no imaginário ou no simbólico que possa trazer uma solução à estranheza de si que advém da impossibilidade de completude.

Esse dado de estrutura do psiquismo jamais é totalmente descartado, razão pela qual a psicanálise entende que o anseio pelo todo se presta facilmente à manipulação de discursos utópicos e ilusórios, em si mesmos totalizantes. Chegamos, assim, a um dos pontos em que é possível extrair da figura de Moisés, o egípcio, uma crítica à política nazista de forjar e impor ao povo alemão uma identidade pura e harmoniosa com base no programa de exclusão do estrangeiro do solo e do sangue nacional. O antissemitismo — Freud reconhece claramente no texto — é um fenômeno complexo e amplo para ter como resposta uma só causa. Veremos neste capítulo e no próximo como as características mais marcantes do povo judeu foram sendo, ao longo dos séculos, manipuladas pelo outro até se transformar em fonte do ódio. O ponto que nos prenderá a atenção, nesse momento, circunscreve a política identitária do Nacional-Socialismo que teve como seu complemento a ideologia nazista, cujo vetor principal é o racismo. Nesse contexto, a desconstrução da figura do fundador do monoteísmo adquire, sem excluir outras interpretações, a dimensão de ato interpretativo: a despeito de todas as pressões sofridas, Freud desvela o ideal fantasmático de identidade harmônica, completa e sem rasura de seu tempo. Ideal este que estava sendo imposto à custa da eliminação dos restos não ajustáveis ao projeto de uma sociedade sem Outro.

Retomemos, então, o caldeirão político dos anos 1930. Em *Modernidade e holocausto*, Zygmunt Bauman (1988) observa que, por sua própria dispersão e oni-presença territoriais, os judeus acusavam a relatividade e os limites da identidade que os critérios vigentes de nacionalidade propagavam. Partindo da acepção de Arendt de que os judeus representavam um elemento não nacional no mundo das nações, Bauman mostra em que medida isso contribuiu para que fossem dife-renciados de quaisquer outros estrangeiros, embora individualmente desde seus respectivos campos de atuação muitos deles refletissem um esforço de ge-rações que vinham ultrapassando a tradição judaica, buscando a pluralidade do espaço público. O fato é que, independentemente de todo o processo de assimila-ção que durou gerações, desde os primeiros éditos de emancipação, os estranhos estrangeiros descendentes do povo do deserto acabaram ocupando o lugar de "ini-migo objetivo", para me valer de um conceito enunciado por Hannah Arendt (1975) em sua rigorosa análise sobre as origens do totalitarismo e a importância do antissemitismo como instrumento de poder.

Freud igualmente vinculou, em parte, a origem do antissemitismo moderno à longa história das intricadas relações entre os judeus e seus outros, que remontam ao exílio multimilenar (babilônico, no século VI a.C.; romano, em seguida; e, finalmente, pós-romano) que lançou o povo na experiência da Diáspora, palavra que significa dispersão entre os demais povos, ou melhor, não pertencera. Em *O homem Moisés*, essa experiência de ruptura que toca os fundamentos da existência e os consequentes estados de errância e de nomadismo inscritos numa história de múltiplos êxodos mereceu uma leitura singular. A proposição do autor foi a de demonstrar que o monoteísmo e a situação histórica da diáspora estão ligados por uma série de cortes e perdas que impuseram ao judeu renúncias e lutos, obrigando-o, ao longo dos séculos, a transformar num projeto interminável o esforço de traduzir, na linguagem da razão, o não metabolizável: os cortes traumáticos. Em seus comentários sobre o desenvolvimento dessa tese, Eric L. Santener (1999) sustenta que, em última instância, para Freud a vivência de deslocamentos geográficos e de renúncias dos judeus tornou-se um sinal negativo para aqueles que, identificados com o ideário nazista, recusavam-se a viver o luto das perdas e transtornos da subjetividade moderna.

Assim, ao projeto nacional-socialista de implantar uma unidade ariana fundada na fantasia de um corpo primeiro de onde o povo alemão teria ascendido,[93] Freud formula a ideia de que a "identidade" de um indivíduo ou a de um povo, por se estruturar em torno da divisão radical e insolúvel — a *Spaltung* — enquanto tal é impossível. Somos, então, surpreendidos, em meio ao texto de 1939, por uma inusitada comparação entre a formação do povo judeu e a do povo alemão. Na história moderna, o exemplo mais impressionante de

---

[93] Sobre esse tema ler *O mito nazista*, de Lacoue-Labarthe e Jean-Luc Nancy.

um tipo de fusão entre povos, como a que aconteceu na história do povo judeu em Cades, "foi criado pela Reforma, que, após um intervalo de mais de um milênio, trouxe novamente à luz a linha fronteiriça entre a Germânia que no passado fora romana e aquela que permaneceu independente".[94] Nessa passagem extremamente concisa, há uma clara crítica à concepção nazista sobre a ideia da ascendência de um corpo primeiro na origem da identidade ariana: por mais que se queiram apagá-las, as identificações inconscientes não se perdem, retornam, "vêm à luz".

Essa súbita comparação entre o povo judeu e o povo alemão, carregada de sentido em função do momento político que atravessava a cultura europeia quando da escrita de *Moisés*, leva o leitor, como sublinha Bruno Karsentini, "à gênese do princípio de nacionalidade na Europa moderna"[95] e seus mecanismos complexos de produção identitárias: xenofobia, racismo, moralismo e intolerância — moedas correntes do nacionalismo. Conhecemos a análise freudiana desse estado de coisas desde *Psicologia das massas e análise do eu* (1921), texto em que Freud demonstra que a coesão entre os membros da massa se dá, necessariamente, por força da convicção de cada um acerca do amor do líder — ponto de agregação que reduz o laço social ao apego especular e hipnótico —, em nome do qual virá a salvação do desamparo. Uma operação que só tem pleno

---

[94] *O homem Moisés*, p. 70.
[95] *Moïse et l'Idée de Peuple*, p. 124.

êxito se for possível apagar a ambivalência amor-ódio do interior da massa, mantendo o amor de si entre os idênticos e dirigindo o ódio ao outro estrangeiro, assegurando assim uma unidade coesa. Por que o ódio garante a formação da massa e na constituição do eu? Deixemos essa questão em suspenso no momento. E nos limitemos a identificar no fenômeno grupal aquilo que Freud chamou de "narcisismo das pequenas diferenças", base da constituição do "nós" e do outro. O termo "narcisismo", conforme a leitura precisa de Carlos Augusto Nicéas em um dos livros da presente coleção, define um dado de estrutura do sujeito, o *Amor de si*; e o termo "pequenas diferenças" designa diferenças reais, mas não absolutamente regulares, que impedem ao outro ser um perfeito semelhante ao grupo. Não se trata de uma diferença qualquer, mas daquela que produz estranhamento suficiente para lembrar a própria divisão do sujeito. Levando o fenômeno do narcisismo das pequenas diferenças ao paroxismo, desemboca-se na segregação e no racismo, tal como os define a psicanálise: repulsa do sujeito (individual ou coletivo) ao que lhe é mais íntimo e familiar, mas projetado sobre o objeto externo a quem endereça o ódio. Esse potencial de exclusão, situado para além de uma diferenciação entre o "eu" e o "outro" ou entre o "nós" e os "outros" visa, justamente, eliminar a diferença.

Os judeus, escreve Freud, não são fundamentalmente diferentes dos povos que os acolhem, mas se diferenciam de uma "maneira indefinível, sobretudo em relação aos povos nórdicos, e a intolerância das massas, notavelmente, se manifesta de maneira mais forte contra pequenas diferenças do que contra diferenças fundamentais".[96] Mas o suficiente para contradizer a ideologia de pureza de sangue que, baseada numa tipologia referida ao sangue nórdico e ao solo alemão, atribuía enorme valor à ideia de honra à identidade racial. Com isso, o povo judeu e outros grupos passaram a constituir um alvo privilegiado da política da intolerância determinante do "nós, os arianos", e do "outro, não ariano". E não podemos esquecer o fato de que justamente nesse momento a ciência moderna estreava as primeiras manipulações efetivas do corpo humano, de braços dados com a política de Estado de transformar em realidade o projeto de uma "raça pura". Muito haveria por dizer sobre esse processo que determinou a tentativa de extermínio da "raça impura". Lembrá-lo aqui serve para indicar que as reflexões em *O homem Moisés* sobre esse estado de coisas passam pela escuta dos destinos pulsionais da política de apagar a tradição de reconhecimento da identidade por meio da língua, como fazem lembrar Philippe Lacoue-Labarthe e Jean-Luc Nancy (2002). O resultado de um tal processo determinou, ainda que temporariamente, o solipsismo da identidade ao decretar a morte das múltiplas identificações simbólicas que alimentam o psiquismo.

De fato, o conceito de identidade não resiste às complexidades da judeidade nem tampouco da germaneidade, conceitos definidos em função da falta de

---

[96] *O homem Moisés*, p. 131.

identicidade (solo) ou qualquer referência genética real que se sobreponha às contingências e alteridades. Judeidade e germaneidade são acontecimentos testemunhos do jogo transitório de diferenças e antagonismos que se entrechocam desconfortavelmente. Um jogo minado e redesenhado pela memória de uma escrita de traços e letras intraduzíveis (a herança arcaica) mas transmissíveis, porque — lidos e narrados — se tornam, como veremos, inteligíveis de maneira absolutamente subjetiva. Essa questão pode ser formulada da seguinte maneira: à tentativa nazista de destruir o nó entre o nome e a carne, entre verbo e corpo, para fazer da filiação puro vínculo de sangue e de solo, Freud, mostraremos mais detalhadamente no próximo capítulo, contrapõe uma concepção de transmissão descontínua, de rupturas e reversões entre passado, presente e futuro. Tal é a resposta da psicanálise ao discurso ideológico que, sob o registro da identificação mimética ao líder e ao delírio da ontotipologia, a razão cega à diferença, terminou fabricando um aparelho de transformar alteridade em cadáver.

Sob esse aspecto, umas das atualidades de *O homem Moisés* consiste em nos fazer pensar como na contemporaneidade identidades nacionais (ser "israelense", "brasileiro", "europeu", "americano" etc.) se prestam à rejeição de muitos. Vale questionar se os privilégios da cidadania, sempre passíveis de manipulação política pelos Estados, não pressupõem a violência negativa da exclusão do não idêntico, muito semelhante a dos anos 1930, quando teve início o confisco de direitos dos não arianos. É preciso tornar cada vez mais consciente a realidade dolorosa de que o mundo enfrenta, em novos termos, o mesmo problema de exclusão/inclusão do outro.

Se a análise freudiana sobre o mal-estar da política de seu tempo parece verossímil, podemos buscar uma ajuda estrangeira de outros campos de conhecimento, onde existe uma preocupação mais sistemática em pensar a contemporaneidade e suas estruturas estatais para responder essa questão. Trata-se de encontrar metáforas que explicitem de forma contundente a transfiguração — que a psicanálise acusa — do horror ao estrangeiro no mundo contemporâneo. Além disso, atravessar a fronteira entre o psicanalítico e os estudos filosófico-políticos representa uma possibilidade fértil de apreender melhor o jogo das pulsões presentes nos processos de destruição e construção da cultura.

Giorgio Agamben é um desses pensadores que trazem uma contribuição de peso à crítica ao poder soberano. Resgatando uma figura do direito arcaico romano, Agamben (2002), em *Homo sacer*, circunscreve no coração da sociedade moderna e contemporânea, nas quais milhões de seres humanos são transformados em objeto de aniquilamento, o homem sacro, a vida exterminável ou vida nua, a vida que não merece ser vivida. O *Homo sacer* ocupa uma zona de indiferenciação, fora do espaço jurídico político, e, ao mesmo tempo, funda a possibilidade da cidade dos homens. Condenado por algum delito, o *Homo sacer* não pode ser sacrificado. Entretanto, quem o matar, a rigor, está livre de ser acusado de homicida. Leitor de Michel Foucault, o filósofo italiano afirma que, na contemporaneidade, os campos de refugiados e de concentração traduzem a vontade coletiva de desumanizar o outro. A ideia bastante instigante e fascinante no pensamento desse filósofo é a de que o processo de inclusão da vida nua, a vida que não merece ser vivida, na política não se restringe aos regimes totalitários de exceção, mas está inscrito, também, no conceito dos direitos do homem, que incluem até mesmo o nascimento como categoria que deve ser absorvida pelo espaço político. Agamben descortina a cumplicidade profunda existente entre Estados modernos, supostamente democráticos do Ocidente, e a lógica da exclusão capaz de converter em vida nua um segmento da população. Nesse sentido, diríamos que o filósofo é bastante freudiano: uma organização, qualquer que seja, possui um potencial de violência contra o estranho/estrangeiro.

Para além do essencialismo e do etnonacionalismo

É sobre essa base que se deve empreender uma dura crítica aos autores que insistem em que a assertiva "Moisés, o egípcio" é simplesmente um efeito sintomático do "ódio de si" que invadiu os judeus de língua alemã, síndrome da qual Freud não teria escapado. Paul Rozen, em *O pensamento político e social de Freud*, ocupa a primeira fileira desse tipo de interpretação infundada, porque além de ignorar declarações do autor do "Moisés" sobre o *Jüdischer Selbsthass* (ódio do judeu a si mesmo), não apreendeu que justamente Freud se serve das contingências e alteridades presentes no judaísmo como paradigma da entrada do sujeito no espaço simbólico. Nem tampouco foi capaz de perceber as questões metapsicológicas que Freud faz incidir na apreensão da política de seu tempo.

Não é, portanto, difícil avaliar que teses como a de Rozen, além de simplistas e infundadas, ferem totalmente o propósito de Freud de construir no coração de um povo a figura do estrangeiro, a partir da experiência clínica que desenvolveu de oferecer àqueles que escutava em análise condições para experimentar aquilo que é estranho. A psicanálise opera uma separação radical do sujeito em relação ao idêntico, a qual termina por conduzi-lo a uma experiência de exílio: buscar nos desconfortos da repetição e na desconstrução paulatina da própria idolatria (narcisismo do eu e mandatos do supereu) o encontro com o que há de mais estranho a ele próprio. Esse face a face com o desconhecido envolve o risco do encontro com o impessoal da força pulsional sempre errante, força de todos os tempos e de todos os homens. E se é essa a tarefa da psicanálise, ela não pode estar dissociada de uma tessitura teórica capaz, igualmente, de servir à compreensão dos processos políticos e históricos em curso na civilização humana, sobretudo aqueles que alimentam a destruição da cultura em nome da homogeneização e indiferenciação.

A conclusão que se pode tirar do debate apresentado acima é que a própria legitimidade teórica da obra de 1939 exige uma leitura consistente, para além de uma simples "psicanálise aplicada", a fim de que não se incorra em interpretações ideológicas sobre sua escrita, que engloba um volume de ideias das quais estamos ainda longe da possibilidade de ter apreendido totalmente. Se, como bem entendeu o crítico literário e militante da causa palestina Edward Said (2004), a desconstrução da figura bíblica significa uma oposição ao etnonacionalismo e essencialismo reclamados por pensadores judeus e não judeus, é porque Freud, justamente, escapa da tradição filosófica que gira em torno do termo identidade — entendido como a entrega de sua essência a algo ou a alguém — e assim mantém-se fiel ao que já havia enunciado na primeira década do século XX: "*O eu não é senhor nem mesmo em sua própria casa.*"[97]

Essa "estrangeidade" do eu não significa que a intenção de Freud em transformar Moisés em signatário egípcio era a de opor qualquer obstáculo à existência de uma história singular, até mesmo porque essa só é possível na dependência de uma exterioridade. Segundo o cientista político Yannis Stavrakakis (2007), Lacan soube extrair dessa exterioridade, isto é, da lógica freudiana do estrangeiro na constituição do si mesmo, um aparelho conceitual original. Na teoria lacaniana, o sujeito está marcado pela divisão e pelas ambiguidades entre as identificações, bem como pela possibilidade

---

[97] S. Freud, "Conferencias de introducción al psicoanálisis", op. cit., vol. XVI, p. 261.

contingencial e a impossibilidade real da identidade. O sujeito que não se presta a nenhuma designação essencialista capaz de reduzi-lo à determinada comunidade de origem, território, língua e raízes. Sujeito "desmaternalizado", isto é, dos milhares de velhos lugares-comuns da linguagem familiar e irreversivelmente extraviada. Qualquer tentativa de ele se fixar a determinada imagem ou insígnia subtrai a estranheza que o constitui e sua errância em busca do desconhecido. O poeta diz melhor sobre esse estranho e familiar processo: "Sou um escritor que tem medo da cilada das palavras: as palavras que digo escondem outras — quais?"[98]

Antes de finalizar este capítulo, é preciso sublinhar que, levada a sua expressão mais radical, a ideia freudiana do Moisés estrangeiro a seu próprio povo guarda uma homologia estrutural com algumas das mais importantes figuras do Antigo Testamento.

Abraão, por exemplo, o patriarca dos hebreus, natural da cidade de Uru, localizada na antiga Mesopotâmia, inaugura a experiência de errância e nomadismo, anterior a de qualquer sedentarização, do povo judeu. A narrativa da saga de Abraão consagra uma noção de exílio não referida à punição, como é o da expulsão de Adão e Eva do paraíso, da maldição exílica de Caim, da Babel — ou até mesmo a do exílio de Édipo, expulso da cidade de Tebas. O patriarca escolhe viver no exílio: "Vai de ti, de tua terra, de teu nascimento, da casa de teu pai, rumo à terra que

---

[98] Clarice Lispector, *Um sopro de vida*, p. 13.

te farei ver" (Gênesis 12:1). Partida sem retorno, de uma marcha sem-fim, segundo o sentido das palavras empregadas pelos escribas do pergaminho ancestral.

Em outro caso, a história de Ruth, a moabita, matriarca da realeza judaica, contém as marcas do descentramento radical de um povo. Ruth subjaz ao que existe de mais exterior e de mais íntimo no povo judeu: uma estrangeira que ganhou o direito de entrar para a história judaica como ancestral do rei David, de cuja linhagem nascerá o Messias.

Vale lembrar também de Jacó, o personagem bíblico com o qual Freud confessa ter se identificado, ao se deparar com as evidências da pulsão de morte. Sua história é também uma dessas narrativas bíblicas que sugerem a estranheza do homem consigo mesmo. Ela traduz a preocupação do autor do Gênesis em figurar a "urgência de um destino que leva a outrem e não a do eterno retorno sobre si".[99] O personagem teve o nome trocado de Jacó (do hebraico *equev*, que significa calcanhar, o que está em contato com a terra) para Israel (do hebraico *yachar-el*, que significa direto, reto para Deus), uma alegoria significativa sobre os homens que trocam a segurança de ter "os pés na terra" pelo que está mais além da idolatria, da morada e do ser, conforme faz entender Lévinas, em *Quatro leituras talmúdicas,* pelo outro situado mais além do idêntico a si. Em sua incessante batalha pela bênção divina, diz a tradição que aquilo que tornou possível a Jacó suportar, em

---

[99] Emmanuel Lévinas, *Quatre Lectures Talmudiques*, p. 105.

sua luta com o anjo, a violência do Estrangeiro, foi o dom da palavra como instrumento de combate do homem contra o mesmo. Essa configuração ética, nas palavras de Blanchot, confirma a presença do outro separado, inacessível e distante "a quem se pode dirigir pela violência mortal ou pelo dom da palavra em seu acolhimento".[100]

Seja como for, o cerne da argumentação da escrita freudiana em relação à condição estrangeira de Moisés, aquele que sendo outro se diz judeu, segue a linhagem dessas histórias bíblicas. Os autores anônimos do Livro tratavam poeticamente a relação indomável do homem com a experiência de estrangeireidade adiantando assim, como outras obras da literatura universal, o que Freud viria a sustentar com base no mito das pulsões de vida e de morte: o indestrutível no sujeito é a condição de estrangeiro a si mesmo. Tal é a mensagem derradeira de um pensador estrangeiro, sempre em êxodo. Uma mensagem que tem consequências diretas na forma pela qual sua disciplina continua operando na contemporaneidade uma separação radical do sujeito em relação ao idêntico. Uma mensagem que tem consequências diretas sobre seus praticantes em continuar sustentando o desejo viajante — que não é um simples desejo de deslocar-se no espaço, que só redundaria em panoramas —, mas uma real mobilidade de desejo.

---

[100] Maurice Blanchot, *L'Entretient Infini*, p.188.

O RETORNO DO PAI

Os paradoxos da crítica freudiana à religião

Até o ponto em que é possível alcançar o sentido de um texto, cuidando de não transgredir as regras mais elementares de leitura, o terceiro ensaio, o "mais importante"[101] de todos, retoma as teses dos dois primeiros para responder algumas das questões que levaram o autor à escrita da obra. Qual a contribuição que o monoteísmo oferece ao estudo da genealogia da religião? O que funda uma tradição e como ela se transmite de geração em geração? De onde vem o caráter específico do povo judeu e por que ele atrai um ódio tão profundo sobre si?

Seria prudente, tendo em vista as questões que abordaremos neste capítulo, lembrar que, como mestre da impossível identidade, Freud não tinha qualquer apreço por contradições excludentes e distinções rigorosas encontradas, por exemplo, na lógica aristotélica — os "nãos" e os "ous". Muito ao contrário, deparamo-nos em seus escritos com a sonoridade da conjunção "e", inerente ao pensamento que não cede em ser transfor-

---

[101] Carta de Freud a Eitingon, em janeiro de 1937, in Jones, op. cit, vol. III.

mado numa verdade apriorística ou visão de mundo. Próximo da linguagem dos sonhos, bem como do modo de expressão que encontrou nas línguas primitivas dos antigos semitas, o pensamento de Freud se apresenta como uma sucessão de ideias que acabam por abrigar, na própria malha daquilo que tece, a coincidência de opostos, aporias, problemas lógicos, contradições e paradoxos. Daí o porquê de encontrarmos nas *Obras completas* duas modalidades de apreensão do psiquismo que, em princípio, pareceriam excludentes — a via da decifração de sentido e a da economia psíquica ou energia —, e a união do que para muitos foi e será sempre impensável — a primeira e a segunda tópica com seus próprios aportes, sedução e fantasia, estabelecendo um jogo de mútua interferência. Nessa mesma linha, o tema da religião, elemento central da teoria psicanalítica da cultura, mereceu do primeiro psicanalista da história modos diversos de apreensão, insólitos e inesperados.

No início da aventura que o levou à descoberta dos processos inconscientes, Freud, atento aos fenômenos que a ciência positivista deixava à margem por considerá-los meros erros de sentido, percebeu nas entrelinhas de blasfêmias e relatos delirantes de monjas da Idade Média conteúdos de cunho erótico, conforme podemos ler em "Um caso de cura pelo hipnotismo" (1893). A fonte do delírio histérico das noivas de Cristo, um desejo sexual proibido, franqueou os primeiros *insights* psicanalíticos acerca da relação entre neurose e religião que se encontram sistematizados em "Atos obsessivos e manifestações religiosas" (1908), um texto importante para os estudos sobre religião inscrito na configuração da primeira tópica. O que é então que Freud articula entre esses dois fenômenos? Trata-se de manifestações psíquicas ligadas à renúncia da pulsão sexual, no caso da neurose, e à renúncia da pulsão egoísta, no caso da religião. Ou seja, ambas conciliam forças contraditórias: a do prazer proibido e a das instâncias que o reprimem. Nesse passo, Freud, estabelecendo uma distinção importante na elaboração de sua teoria da religião, qualifica a "neurose obsessiva como uma religiosidade individual e a religião, como uma neurose obsessiva universal".[102]

Qual é a origem do sentimento religioso? Eis a resposta que Freud endereçou a Jung, em 19 de dezembro de 1909: "Ocorreu-me que a base última da necessidade do homem por religião é o *desamparo infantil (Hilflosigkeit)*, muito maior nos homens do que nos animais." Esse *insight* deu um lugar de destaque ao tema da religião nas formulações psicanalíticas sobre o funcionamento do aparelho psíquico e forneceu um dos vetores mais importantes para futuras reflexões acerca da relação do homem com o sagrado. Em seguida, no texto "Leonardo da Vinci e uma lembrança da infância", o sentimento religioso é articulado definitivamente à ideia de desamparo absoluto da criança em sua entrada no mundo. A crença na existência de um Deus pessoal foi circunscrita primeiramente às reminiscências de fantasias infantis em relação ao pai e à

---

[102] S. Freud, "Acciones obsesivas y praticas religiosas", in op. cit., vol. IX, p. 109.

mãe, figuras que nos são indistintas no início da vida. No cômputo geral, o que apreendemos (entre outras lições) nesse estudo freudiano sobre o grande pintor do Alto Renascimento pode ser resumido da seguinte forma: o pequeno ser estabelece um laço social rudimentar com o ser próximo (*Nebenmensch*), o primeiro outro que atende seu grito de socorro, satisfazendo sua sede, seu frio, sua fome, livrando-o da morte. Mais tarde, diante da ausência de respostas e da presença do insuportável do silêncio, da angústia, uma nova situação de desamparo ocorre e a criança adere à crença em Deus. Do ponto de vista da psicanálise, comenta Freud, a ideia de um deus pessoal justo e todo-poderoso "não é outra coisa que um pai enaltecido".[103]

Alguns anos depois do advento da segunda tópica, em *O futuro de uma ilusão* (1927), Freud abordará o porquê das ideias religiosas não serem refutadas e destruídas mesmo apresentando incontrovertíveis falhas de autenticidade, exercendo forte influência psicológica no homem moderno. Após expor um minucioso estudo sobre as variadas crenças, conclui que a fé em Deus, embora não possa ser provada nem refutada, não deve ser considerada um erro. Sua natureza deriva de antigos desejos infantis não abandonados e que se reapresentam na forma como lidamos com certas condições adversas: o desamparo, a finitude, a diferença sexual, o outro. A crença religiosa pertence à ordem do desmentido

---

[103] S. Freud, "Un recuerdo infantile de Leonardo da Vinci", op. cit. vol. XI, p. 115.

e, portanto, aponta uma cisão, campo em que, como vimos, o sujeito se apazigua em relação à realidade da diferença do sexo e à percepção da morte, a castração. É nesse contexto que surge um dos argumentos centrais do texto de 1927: o discurso religioso sustenta o fascínio amoroso e a crença no pai extraordinariamente engrandecido, Deus-Pai. Donde, conclui Freud, "a religião seria a neurose infantil da humanidade".[104]

Muitos autores interpretam esse conhecido mote como sendo a marca da fidelidade do pai da psicanálise à epistemologia das Luzes, de onde teria recolhido significantes suficientes para exercer uma forte vigilância crítica contra a religião. Uma interpretação correta se recolhemos os testemunhos indubitáveis da filiação de Freud ao Iluminismo: suas críticas negativas às doutrinas e misticismos religiosos, aliadas à fé que mantinha na ciência e na razão, apesar de as duras decepções sentidas em relação aos cientistas e intelectuais que apoiaram os rumos da Primeira Guerra Mundial. Decerto Freud era um ateu convicto. Sua curiosa correspondência com o pastor Pfister, na qual se encontram longas discussões sobre a relação entre os discursos psicanalítico e religioso, é prova inconteste do quanto esteve sempre preocupado em manter a psicanálise afastada de qualquer campo discursivo orientado pela crença ilusória em uma única e dogmática verdade.

Entretanto, se considerarmos que para a psicanálise o *infantil* diz respeito ao movimento constitutivo do eu,

---

[104] S. Freud, *O futuro de uma ilusão*, p. 109.

lugar do desejo e da própria estrutura pulsional, enquanto história e organização e não apenas, como lembra Florence (1994, p. 126), um conjunto de imagens da infância, então se pode considerar que o infantil é algo de consubstancial à subjetividade humana. Como afirma o filósofo Slavoj Žižek, ninguém escapa de ter uma crença, nem mesmo hoje em nossos tempos supostamente sem Deus, quando a admissão pública da crença entre os intelectuais e espíritos progressistas é "experimentada quase como algo desavergonhado e exibicionista".[105] Isso é válido, diz o filósofo, tanto para os que aderem a ideologias laicas como o stalinismo — que invocava o Juízo Final da História — quando até mesmo para um transgressor radical como Sade, cujo desafio maior estava endereçado a Deus. A esses exemplos de falso ateísmo, podemos juntar os cientistas de nossa contemporaneidade que invocam a fé na plenitude do saber científico.

Já a psicanálise se situa quanto à crença numa posição peculiar: reconhece-a como constitutiva do sujeito, pressupondo a existência de um saber impossível de ser sabido: o inconsciente. O problema que essa formulação nos coloca é o quanto Freud, de fato, estava próximo ao paradigma das Luzes — ao opor de um lado a razão e a ciência e, do outro, a religião: "Não, nossa ciência não é uma ilusão. Seria ilusão, porém, acreditar que pudéssemos conseguir em outra parte aquilo que ela não nos pode dar."[106] Não estaria Freud

---

[105] Slavoj Žižek. *O amor impiedoso* [ou: *Sobre a crença*], p. 11.
[106] S. Freud, *O futuro de uma ilusão*, p. 133.

reconhecendo, ao enunciar esse adágio em *O futuro de uma ilusão*, a dimensão do impossível na ciência? "Nossa ciência", isto é, a psicanálise, mantém relação com a outra cena, lugar de um não saber insuperável sobre a morte e a diferença dos sexos. O que a disciplina freudiana pode esclarecer diz respeito à divisão constitutiva do sujeito, pois os que se reconhecem divididos, como escreve Caterina Koltai (2010), têm chance maior de não se deixar embotar por credos, saberes e normas preestabelecidos que impedem as experiências subjetivas em nome da razão ou de determinada doutrina.

Três anos depois, em *O mal-estar na cultura* (1930), Freud contrapõe-se à ideia do escritor Romain Rolland de que a fonte da religiosidade seria o "sentimento oceânico" — sensação mística de algo ilimitado, sem fronteiras —, defendendo a tese de que a verdadeira origem da atitude religiosa reside na nostalgia de proteção do pai ao desamparo humano, e não nas saudades infinitas e na memória obscura da fusão com o Todo, como pensava o escritor. O "apelo ao pai" como resposta ao desamparo pode ser definido como a ilusão que se opõe inutilmente ao destino. É possível estender essa interpretação a outros expedientes homólogos à religião, os que geram um efeito narcótico sobre a angústia revivificada pelas pulsões: as substâncias tóxicas, o álcool, o tabaco e, mais contemporaneamente, a comida, o sexo, o trabalho, os mais diversos credos, tudo isso apontando para uma incerteza radical. Hoje não há firmes padrões determinados, tudo tem de ser reiteradamente renegociado. Assim, a origem do sentimento religioso em *O mal-estar na cultura* se aproxima, efetivamente, do conhecido adágio marxista "a religião é o ópio do povo". Numa carta dirigida a Marie Bonaparte, Freud chega a descrever as religiões como doutrinas que nos oferecem "beberagens, pois têm uma percentagem ínfima de álcool — se é que contêm álcool; mas que ainda assim as pessoas se embriagam com elas".[107]

Ora, sabemos que o dispositivo de embriagar o sujeito não é da alçada exclusiva das religiões. Explorar a capacidade humana em acreditar cegamente num objeto idealizado está inquestionavelmente presente no coração da política do Estado moderno, herdeiro da onipotência do pai primevo. Freud o demonstrou muito bem, pois não usou outro instrumento em sua análise do político senão o de escutar a melodia pulsional; o que certamente lhe permitiu perceber que o "apelo ao Pai" não é apenas um apanágio dos deuses. Haja vista a invenção do totalitarismo político no século XX, a estruturação de um discurso salvacionista em nome da hegemonia de uma nação. Na modernidade, com a promulgação da famosa sentença de Nietzsche ("Deus está morto"), os homens, desde sempre desamparados, deslocam a demanda de proteção para um líder terreno cuja imagem familiar de um indivíduo potente e grandioso favorece a identificação de sua pessoa ao pai. Essa tese de caráter premonitório, desenvolvida em *Psicologia das massas e análise do eu*, se confirmou quando da eclosão do nazismo. Tempo em que o *Führer,* na posição de *eu ideal* da massa, obstruiu

---

[107] M. Bonaparte in Ernest Jones, op. cit. vol. II (carta de 19 de março de 1928).

o lugar do vazio constitutivo da linguagem, dos laços sociais e do devir civilizatório, em nome de restituir ao povo alemão o amparo e a beatitude almejada.

Séculos depois das Guerras Santas que surgiram na Antiguidade e na Idade Média, o predicado de ilusão religiosa — proteção contra a castração e a morte — se cruza e se enxerta ao da ilusão política. Nesse entrecruzar, o fantasma insepulto do pai da horda foi reavivado e a ideologia "laica" impingiu a todos reverenciá-lo. O *Führer* ganhou plenos poderes e passou a responder ao desamparo do povo alemão usando os instrumentos necessários para homogeneizar as subjetividades emergentes. Um pequeno episódio da história da psicanálise, contado por Elisabeth Roudinesco (1989), evidencia o quanto o fundador do pensamento psicanalítico deixara de ter ilusões em relação à idade da Razão. Em conversa com Marie Bonaparte, diante da tentativa de convencê-lo de que o antissemitismo era um mal obscurantista e inofensivo da Idade das Trevas, Freud respondeu de modo sucinto que dentro em pouco a humanidade experimentaria um terrível e ofensivo tempo de barbárie. Onde a princesa identificava o anódino, ele enxergou o pior que estava por vir: a violência contra o outro durante a Inquisição retornava no discurso ideológico de um Estado moderno.[108]

---

[108] Uma vasta e crescente literatura explora a maneira pela qual teólogos e o clero cristão defensor do nazismo frequentemente estabeleciam conexões entre suas tradições e a ideologia nazista, embora as igrejas protestantes tenham ocupado um lugar mais importante junto ao partido de Hitler. Cf. *O Santo Reich: concepções nazistas do cristianismo.*

Embora crítico contumaz da religião, Freud não tinha como objetivo único depreciar a experiência religiosa à qual jamais aderiu, mas combater qualquer discurso que rebaixa o valor da vida e intimida a inteligência humana. Em isso acontecendo, esse discurso inevitavelmente é religioso, independentemente da aparência com que se apresenta — inclusive da aparência de psicanálise. As baterias da psicanálise contra as religiões estão dirigidas muito mais às instituições religiosas que, através de seus "bezerros de ouro", subjugam e unificam os crentes, impedindo-os de pensar. De maneira explícita, Freud criticou tanto em seus textos quanto em documentos de sua vida particular o judaísmo, o cristianismo e até mesmo o budismo, em função dos efeitos negativos que promovem sob o sujeito, a ponto de levá-lo ao fanatismo religioso. Hoje podemos identificar com clareza nos movimentos fundamentalistas das três principais religiões monoteístas esse processo, cujo propósito é impedir o homem de refletir e pensar por si próprio. A bem da verdade, os fundamentalismos contemporâneos promovem o abandono efetivo de qualquer experiência mística ou religiosa significativa como garantia do triunfo de sistemas organizados que ressuscitam e corporificam — de uma maneira ou de outra — a figura do pai da horda e incitam a violência contra o outro em nome de Deus. Voltaremos a esse assunto mais adiante.

Recusando-se a participar da traição ao pensamento que é o discurso religioso, Freud funda a psicanálise num campo outro que não o da utopia, decidido a protegê-la do perigo de ser transformada numa ideologia. E, distante de qualquer visão de mundo, batizou-a no culto de *logos*, princípio mediador entre os mundos sensível e inteligível. Palavra de duplo sentido, *logos* significa razão e fala discursiva. Enquanto o primeiro sentido designa o homem como ser racional, foi sob o segundo que os gregos passaram a marcar a diferença entre a ordem do humano e do inumano. O homem desde então foi reconhecido como o *ser vivo que tem linguagem*, definição que, no entender de Emanuel Carneiro Leão (1994), perdeu toda a radicalidade com a tradução latina de animal racional. Em nome de vertente *logos-palavra*, Freud sustentou o ateísmo da psicanálise, que nada tem a ver com o discurso descomprometido com a multiplicidade da linguagem, ou seja, comprometido com um "discurso ideológico-religioso" que diz renegar Deus, aproximando-o daquele que a escrita sustenta livremente: fazer advir a palavra ali onde jamais é possível extrair o último sentido.

Nada melhor do que uma passagem do texto de Borges, "El idioma analítico de John Wilkins", para encerrar o que até agora desenvolvemos em relação ao "culto" de Freud ao *logos* na vertente "palavra": "Cabe suspeitar que não há universo no sentido orgânico, unificador que possua a ambiciosa palavra. Se há, falta conjecturar as palavras, as definições, as etimologias... do dicionário secreto de Deus."[109] Sob a ótica desse texto, entendemos que Freud procurou resguardar a

---

[109] J. L. Borges, "El idioma analítico de John Wilkins", p. 706.

psicanálise do religioso mantendo-a voltada à pluralidade da palavra. A paixão pelo estranho, o inassimilável do saber inconsciente, o desapego pelo idêntico e
por verdades apriorísticas, levou-o a atrelar sua escuta
à inesgotável melodia da pulsão, um dos conceitos que
instalou, e mantém no campo da psicanálise o lugar
inexpugnável da alteridade.

Passemos, então, ao grande estudo psicanalítico
sobre religião realizado pelo autor de *O homem Moisés
e a religião monoteísta*.

Pai. Lei. Transmissão

"O que é *Moisés* — em nome de Deus! É o caso
de dizer que tem a ver com Édipo e o pai da horda
primitiva?"

Eis a questão que encerra a lição XVII do *Seminário
17 — O avesso da psicanálise*. A resposta vai exigir do
autor, J. Lacan, uma longa reflexão em torno da morte
do pai, ponto crítico da teoria e da prática psicanalíticas,
sob o qual Freud fez girar o complexo de Édipo, o mito
científico de 1913 e a ficção teórica de 1939. Seguindo
essa indicação, e uma vez que *O homem Moisés* constitui
o último tempo da elaboração freudiana sobre o tema,
penso ser importante, para efeitos de uma melhor apreensão da lógica do pai nos processos constitutivos do
sujeito e da cultura, revisar, ainda que rapidamente, o
complexo de Édipo e o mito de *Totem e tabu*.

Sabe-se que todo o esforço de Freud para elaborar
o complexo de Édipo teve início no momento em que

identifica, nas narrativas de algumas pacientes, acusações de abuso sexual sofridas por parte de seus pais. Admitindo o "erro" de ter dado crédito às neuróticas, o pai da psicanálise, conforme escreveu ao dileto amigo Fliess, na famosa carta 69, tratou de cunhar o conceito de fantasia inconsciente e, numa torção, inverteu a questão: as crianças têm desejos sexuais por seus pais. Desejos que são revelados, justamente, nas fantasias histéricas de assédio sexual. Algum tempo depois, quando da morte de seu próprio pai, Freud confessa, em uma outra carta enviada ao colega (carta de 15 de outubro de 1897), que encontrara em si mesmo o amor pela mãe e uma forte dose de ciúmes pelo pai; razão pela qual passaria a considerar esses sentimentos como universais. Foi então que, pela primeira vez, reconheceu que a tragédia *Édipo-Rei* revela algo da alma humana que todos reconhecem em si mesmos. Tem razão Chaim Katz em ter escrito, em um dos livros da presente coleção, que Freud "organizou o complexo de Édipo a partir de suas próprias experiências psíquicas, antes de transpô-las ao universal. Não caberia, nesse momento, nos deter sobre esse complexo e seus desdobramentos em relação aos diferentes sexos, o que não nos impede de reconhecer que desde o início o pai ocupa um lugar central na economia psíquica do sujeito: o de evitar o incesto, isto é, o desvario da energia sexual desgovernada.

Ora, na medida em que a tragédia grega narra alguma coisa que perpassa o tempo no encadeamento das gerações, e o complexo formaliza teoricamente o desejo e a proibição do incesto e do parricídio como face da mesma moeda, Freud recorre à construção de seu mito. *Totem e tabu* fixa o pai na origem da cultura e da linguagem e postula a sua natureza solidária à Lei. O valor conceitual do mito foi o de ter estabelecido o pai como vetor de passagem do homem da natureza à cultura, guardião das condições de reprodução da espécie falante, quer dizer, a produção no ser biológico, da subjetividade de uma geração à outra.

Tanto a tragédia grega quanto a cena mítica de *Totem e tabu* giram em torno do assassinato da figura paterna. Como esclarecer essa confluência? "No complexo de Édipo, insiste Freud, coincidem os inícios da religião, da moralidade, da sociedade e da arte, em completa concordância com a constatação da psicanálise de que esse complexo constitui o núcleo de todas as neuroses."[110] Em particular, essa passagem do texto freudiano de 1913 interessa-nos porque sintetiza a problemática da fundação da religião, da sexualidade infantil e do complexo paterno (*Vatercomplex*, a relação ambivalente com o pai). Por essa razão vamos retomar o mito, tendo como pano de fundo um dos giros no pensamento de Freud que teve consequências diretas na escrita de *O homem Moisés*:

> Em *O futuro de uma ilusão* formulei um juízo fundamentalmente negativo sobre a religião. Mais tarde encontrei uma fórmula que lhe fazia melhor justiça: seu poder repousa sobre seu conteúdo de verdade, sendo que esta verdade não é material, mas histórica.[111]

---

[110] S. Freud, *Totem e tabu*, p. 225-6.
[111] "Presentación autobiográfica" (1925), op. cit., vol. XX, p. 68.

Freud condensa assim — nessa passagem do pós-escrito de seu *Estudo autobiográfico* — com o conteúdo bastante semelhante à carta que citamos anteriormente a Lou Andreas-Salomé em nosso estudo sobre o conceito de verdade histórica, a problemática da religião numa relação particularmente significativa entre trauma e escrita da história, as retranscrições de traços significantes (herança arcaica) regidos pelas leis do inconsciente.

Retomemos o mito do pai da horda, desde a cena em que os filhos pré-históricos comem cru o cadáver do *Urvater*, numa tentativa de incorporação da potência dessa figura de poder arbitrária que tinha uma solução idêntica para todos: expulsá-los do convívio com ele e com as mulheres da tribo ao se sentir ameaçado. Depois do ato canibal, viram-se tomados por um forte sentimento de culpa, pois, ao lado de tão intenso ódio, nasceu o amor por aquele que, certamente, em se tratando do mais forte do bando, poderia proteger a todos. O mais surpreendente é o destino do parricídio na economia psíquica dos filhos: culpados, renunciam à satisfação pulsional sem limites desejada e proibida pelo pai. Sob a égide de vínculos estabelecidos pela força do amor, os irmãos rebeldes diminuíram a rivalidade entre si e firmaram o compromisso de manter vazio o lugar outrora ocupado pelo pai da pré-história, sob pena de ser assassinado aquele que porventura desobedecesse. A horda primitiva é transformada em uma organização legisladora. A complexidade do lugar vacante em torno do qual se estruturou a fratria mítica, o laço social construído para impedir o retorno do estado de isolamento, submissão e despotismo em que viviam traduz a importância da alteridade para a vida social.

O mito institui, a um só tempo, duas figuras do pai: o pai traumático e o pai simbólico. Quando da escrita de *Psicologia das massas e análise do eu*, Freud, já no plano da História, dá a conhecer de que modo surge a figura do pai ideal, aquela que destrói o valor simbólico da paternidade. É mais fácil para os homens idealizarem e crerem em algum líder que assegura a realização da fantasia de ser capaz de livrá-los do desamparo do que assumir a responsabilidade sobre os próprios destinos. A idealização do líder e a identificação narcísica entre os membros da massa em nome do ideal, como vimos, transformaram-se no motor das políticas totalitárias que emergiram no século XX. Sob esse aspecto, o mito de *Totem e tabu* é uma ferramenta teórica precisa à reflexão sobre a falta de vocação dos homens em suportar a democracia, o sistema político que exige preservar vazio o lugar que na pré-história da humanidade, de acordo com a psicanálise, era ocupado pelo poder arbitrário.

No que tange à questão do pai em *O homem Moisés*, Freud parte da tese de que a primeira grande manifestação religiosa da civilização, o *totemismo*, foi fundada ao mesmo tempo em que os homens criaram as mais primárias "configurações sociais e obrigações morais".[112] Metáfora do pai morto, o totem ocupa a

---

[112] *O homem Moisés*, p. 122.

função de proteger a tribo que, de tempos em tempos, sacrifica o animal-totem cuja carniça é devorada por todos no festim totêmico. Celebração do começo dos tempos que acabou, para sempre, com a hegemonia absoluta. Celebrar significa também reforçar a apreensão da Lei. Embasado na leitura freudiana dessa primeira modalidade de socialização humana, Lacan entende que "toda a formação humana tem, por essência, e não por acaso, de refrear o gozo",[113] isto é, um modo de satisfação que inclui nela mesma o seu avesso. Com isso, este analista reforçou a ideia de Freud de que o ser humano e suas instituições sempre estarão às voltas com a Função Limite da Castração.[114]

No curso das civilizações, ocorreu um novo capítulo na história da religião: nasceram os deuses que representavam o pai morto à imagem do homem misturado com alguma parte de animal — uma transição do totemismo ao politeísmo. Entretanto, nem o totem ou qualquer uma dessas novas divindades foram investidas da onipotência e onisciência comparáveis àquelas atribuídas a "deus-pai, uno, único que domina sem restrições".[115] Na verdade, Freud havia permanecido singularmente mudo em relação ao monoteísmo em *Totem e tabu*, embora tenha bebido nos estudos que Robertson Smith desenvolveu das religiões semíticas. Uma lacuna plenamente inteligível se levarmos em conta o desenvolvimento da

---

[113] J. Lacan, "Alocução sobre as psicoses das crianças" in *Outros escritos,* p. 362.
[114] Cf. Konen, 2014.
[115] *O homem Moisés*, p. 123.

teoria, decantada da experiência clínica, que o induziu a buscar nas deformações, nas distorções do texto bíblico a emergência do Um.

E o povo assassinou Moisés. Os ex-egípcios, diferentemente dos filhos da horda, possuíam linguagem, cultura, ainda que rudimentar, e subjetividade própria, porém, "no lugar de recordar o assassinato do pai da horda, como no totemismo, no cristianismo e no neurótico durante o trabalho analítico, [o repetiram] na pessoa de Moisés, uma destacada figura paterna".[116] Ou seja, o que Freud encontra na clínica do neurótico, no totemismo e no cristianismo é a denegação do parricídio; e no judaísmo, como já dito, o desmentido do assassinato. Ao desvelar o crime contra Moisés mostra que os judeus cometem um duplo desmentido: a renegação do assassinato do pai da horda e o de Moisés. Dito de outra maneira: com o novo ato (o assassinato de Moisés), o povo reconhece e desmente simultaneamente a morte do pai da horda. Ou seja, o real do ato (o assassinato de Moisés) está referido a algo que o próprio povo desmente. A morte de Moisés, o egípcio, de acordo com a leitura de Rey-Flaud, traz novas luzes sobre o processo de internalização da lei: é necessário matar o pai duas vezes. Uma primeira contra o pai do gozo absoluto, detentor de todas as mulheres, e uma segunda vez contra a figura paterna que impõe excessiva renúncia pulsional.

O assassinato de Moisés é o ponto de partida aos aportes de Lacan à metapsicologia freudiana que escla-

---

[116] Idem, p. 129.

receram, justamente, o que significa pai no campo da psicanálise. Metáfora paterna é o termo que esse analista cunhou para designar o conjunto de suas funções, na história do sujeito e da cultura, todas elas ligadas ao complexo de castração: fazer valer a proibição do incesto e do assassinato; ser portador da lei significante que submete os homens à linguagem e aos processos de simbolização na cultura. Suporte da função simbólica, o pai, "desde a aurora dos tempos históricos, identifica sua pessoa à figura da lei".[117] O que está em jogo nessa afirmativa de Lacan é que a paternidade tem pouco a ver com a origem biológica, conforme se esclarece na única lição de seu *Seminário* sobre os Nomes-do-Pai, a qual voltaremos mais adiante.

Na obra de 1939, o pai aparece explicitamente como estrangeiro na figura de Moisés, o egípcio, e como progresso na espiritualidade na estranha concepção mosaica de Deus (sobre a qual nos debruçaremos em nosso último capítulo). Comparece também como sintoma, retorno sintomático do pai da horda ainda que uma autoridade simbólica, como uma escrita que fixa um real e como guardião da transmissão psíquica em função da relação que mantém com a lei.

Essas múltiplas presenças do pai na teoria se relacionam entre si no texto, em função de que os fenômenos religiosos foram definitivamente circunscritos à teoria do trauma e apreendidos "segundo o modelo de nossos conhecidos sintomas neuróticos".[118]

---

[117] J. Lacan, *Escritos*, "Função do campo da fala e da linguagem", p. 279.
[118] Idem, p. 93.

O conceito de trauma, definido como a experiência que traz ao psiquismo um aumento de estímulo grande demais, um excesso pulsional inassimilável ao simbólico, é estendido à humanidade como um todo, para além da mera psicopatologia individual. De que modo? Apoiado no exemplo clínico de um homem que tendo sofrido um acidente de trem só mais tarde desenvolveu um quadro de *neurose traumática* — a patologia em que o sujeito volta compulsivamente à situação de violência sofrida na tentativa de significar o trauma —, Freud estabelece uma analogia entre esse quadro e religião. Seu esforço consiste em demonstrar o caráter compulsivo da força pulsional em ambos os fenômenos. A história do neurótico ou da humanidade só pode ser construída a partir das impressões agressivas e sexuais sofridas no próprio corpo. Tanto no indivíduo quanto nas massa, essas impressões subsistem em "traços mnêmicos inconscientes".[119]

A fórmula estabelecida para o desenvolvimento da neurose ("trauma precoce — defesa — latência — irrupção da doença neurótica — retorno parcial do recalcado")[120] é a ferramenta com que Freud identifica como teria ocorrido a transmissão desses traços (a herança arcaica) na tradição, na narrativa judaica, uma vez que não encontra seus fundamentos na comunicação direta. Encontramo-nos agora diante da possibilidade

---

[119] Idem, p. 135.
[120] Idem, p. 119.

de retornar ao episódio bíblico de *Cades*, primeira inscrição do assassinato de Moisés, sob a perspectiva da articulação estabelecida no texto entre trauma/latência/tradição. Cades corresponde à latência histórica do povo judeu, período em que os efeitos da experiência traumática não são aparentes, tempo em que o evento incubado é alterado e relativizado. Tempo que envolve, simultaneamente, o acontecimento e a lembrança — análogo, diz Freud, ao período da formação da neurose no caso da vítima que sofreu um acidente. Os descendentes dos homens e mulheres para os quais Moisés, o egípcio, havia transmitido os princípios éticos da religião de Aton transportaram em Cades as características dessa divindade ao deus primitivo e vulcânico de Midian: Jeová. A tradição fixada após o episódio de Cades, no qual foram fundidas as dualidades constituintes do povo judeu, se tornou uma tradição escrita. O que se escreve, a partir de então, distorce, isto é, desfigura o assassinato. Freud demonstra ter sido necessário apagar os traços de cultos mais antigos que reconheciam o assassinato (totemismo) para que esse trauma fosse transmitido sob a forma de solução de compromisso entre as tribos — o culto ao Nome impossível de ser dito —, referente real da verdade do assassinato. Seria necessário, aqui, explicar essa impossibilidade e seus desdobramentos, mas para manter fidelidade à estrutura freudiana, abordarei esse tema no próximo segmento.

A aplicação da teoria do trauma matizada pela compulsão à repetição e à força da tradição retoma a questão colocada no final de *Totem e tabu*: Quais são os meios pelos quais uma herança arcaica, os traços de memória arrastados pelo fluxo caudaloso do tempo e perdido entre as ruínas dos séculos, é transmitida de uma geração a outra? Questão percuciente. Para respondê-la, Freud deixa de lado a transmissão pela via da comunicação direta e apela ao saber do poeta: "O que herdastes de teus pais, adquire-o para que o possuas."[121] O verbo conquistar, usado por Goethe, é interpretado ao pé da letra: despertado por um acontecimento atual, o legado da geração antecedente sofre um processo de reatualização; ressignificado pela geração procedente. O tempo da transmissão simbólica é o do a posteriori. Eis que, sob a autoridade da literatura, a psicanálise se afasta das normas da consciência fazendo incidir sobre a transmissão — o hereditário — um imprevisível princípio de transmissibilidade outro que não o da natureza: o princípio de *operação recorrente*. Trata-se de uma operação de retorno a um ponto de origem que, paradoxalmente, dará origem a uma outra montagem da narrativa oral, a história que sustenta e leva a transmissão a termo. Do ponto de vista metapsicológico, a inspiração no dito de Goethe articula, de forma decisiva, o conceito de transmissão ao conceito de recalque primário (*Urverdrängung*), figurado no pai morto como *transmissor da lei e da palavra*, e à atividade mental inconsciente que "permite [ao homem] interpretar a reação de outros seres humanos, isto é, desfazer as distorções que o outro empreendeu na

---

[121] S. Freud, *Totem e tabu*, p. 228.

expressão de seus sentimentos".[122] Portanto, a herança arcaica, o núcleo da experiência traumática, só será transmissível se o sujeito consentir em recebê-la. É nessa submissão consentida que Freud, como observa Lo Bianco (2007), localiza a força da cultura e da religião judaicas mantidas através dos séculos.

Se a ideia de Deus, à luz da teoria da formação de um sintoma, revela o que está em jogo na gênese da religião — o trauma do assassinato —, isso quer dizer que tal ideia atinge um ponto incontornável: "O real [que] permanecerá sempre incognoscível."[123] Na teoria freudiana, esse real condiciona a apreensão subjetiva da experiência traumática. Experiência que é endereçada ao Outro e demanda a escuta de um outro. Resulta daí que uma das funções paternas é viabilizar, sem esperar atingir o estado real das coisas, a narrativa da história desse acontecimento que não pode ser completamente reconhecido. Inspirada na releitura lacaniana do sonho comovente que abre o sétimo capítulo de *A interpretação dos sonhos* (o pai que na noite seguinte à morte de seu filho sonha que a criança está viva, reclamando pelo fato de ele, pai, não acordar para a realidade externa de uma vela que o incendiava), Cathy Caruth (1996), autora oriunda do campo da literatura, formula que a transmissão de um trauma se dá em função de um ato. Caruth estabelece uma homologia entre o enunciado

---

[122] Idem.
[123] Freud, "Esquema del psicoanalisis", in *Obras completas*, vol. 23, p. 198.

do sonho "Pai, não está vendo que estou queimando?", que em sua leitura toma o sentido de um imperativo — "Pai, acorde, me deixe, sobreviva; sobreviva para contar a história do meu queimar" —, e o imperativo da repetição do ato traumático. No sonho, é o fogo da vela que desperta o pai e, nesse acordar, o pobre homem repete o trauma (a recepção da criança morta) como performance de um falar, pois não se trata de repetição do mesmo, mas um novo ato que repete uma partida e uma diferença. No acordar, o sonhador deixa de ser o pai de uma criança viva para se instituir como o pai que pode "dizer o que é a morte de uma criança".[124] Assim é o desempenho da narrativa que o pai carrega consigo na transmissão de um trauma. Para Caruth, essa experiência é precisamente a maneira pela qual todos passam a se implicar nos traumas uns dos outros.

É essa ideia que leva a autora, em sua análise de *O homem Moisés e o monoteísmo,* a mostrar como o próprio trauma de Freud frente ao nazismo é transformado em teoria. Sem nenhum psicologismo, Caruth sustenta a tese de que o pai da psicanálise se apropria do livro do Êxodo e desenvolve a ideia da história como trauma. Shoshana Felman (2014) chama atenção para o fato de que, com essa interpretação, Caruth faz sobressair a dimensão ética da escrita da obra de 1939, na qual o outro recebe prioridade sobre a dimensão do eu do autor. A escrita do *Moisés,* lugar de inscrição de um trauma histórico, é a via pela qual Freud apresenta

---

[124] C. Caruth, *Unclaimed experience,* p. 105.

o trauma como a força motriz da cultura, da tradição, da memória coletiva e da história em si. Dessa forma, a autora reafirma, através de sua leitura singular da obra de 1939, a necessidade de que se escreva a história do trauma, para que ela seja construída de algum modo.

Na teoria literária, a obra de Caruth alcança uma posição distintiva sobretudo na interface da psicanálise com a literatura e a história. Sua proposta de articular o trauma como experiência histórica e o enigma da sobrevivência abriu um campo inédito às pesquisas e estudos sobre as grandes catástrofes que ocorreram na modernidade, sobretudo as duas Grandes Guerras do século XX. Nessa direção, Márcio Seligmann-Silva e Arthur Nestrovski (2000) vêm desenvolvendo reflexões importantes em torno de obras artísticas que, respeitando os silêncios e repetições do que não alcança simbolização, representam impasses ao limite da representação de uma catástrofe. Esses autores trouxeram contribuições importantes para os estudos sobre o trauma da Shoah,[125] à luz da historiografia, do direito, da literatura e sobretudo da psicanálise, obviamente pela centralidade da noção de trauma na teoria e por ser, reconhecidamente, uma prática voltada à ética de escuta dos acontecimentos que surpreende o sujeito, tumultuando e desagregando seu universo subjetivo. Três gerações

---

[125] Shoah: palavra hebraica que significa catástrofe ou destruição. O termo é originário do Antigo Testamento e empregado para designar um desastre de grandes proporções. Desde o término da Segunda Guerra, vem sendo usado como equivalente hebraico para Holocausto.

depois da Shoah a dificuldade de representação se faz cada vez mais aguda, em face de esse evento que não se deixa capturar pelas palavras escritas e faladas nem pelo pensamento. É essa mesma impossibilidade que atravessa o relato das experiências traumáticas ocorridas na América Latina durante a ditadura militar e nos testemunhos das minorias que até há pouco careciam de direitos civis. O comum entre todos esses traumas sociais coletivos é o fato de que a impossibilidade de representá-los provoca, na esfera subjetiva, o imperativo de escrever e testemunhar a violência catastrófica que, de tempos em tempos, invade a civilização.

O filme *Shoah*, de Claude Lanzmann, uma escrita sem imagens expressivamente chocante e perturbadora, é atravessado por essa impossibilidade de narrar o vivido nos campos. Todos os entrevistados testemunham, na temporalidade da repetição traumática, do que se trata essa impossibilidade, expondo, cada um deles, um processo de luto no limite do infindável, como o do pai da criança morta que desperta para sobreviver ao trauma. Desde essa perspectiva, retomando o trabalho de Seligmann-Silva (2008), o conceito de testemunho é a ponte entre os traumas individuais e coletivos. Os testemunhos individuais do Holocausto, ou de outras catástrofes históricas modernas, como os das ditaduras na América Latina e aqueles do massacre de Ruanda servem, parte pelo todo, para se escutar a memória coletiva.

Testemunho e sobrevivência são significantes ligados etimologicamente, esclarece Seligmann-Silva. Em latim, dois termos indicam o sentido de testemunho: *testis*, o que visa comprovar uma verdade, e *superstes*, que indica o sobrevivente como aquele que testemunha sua experiência única, sua visita ao reino dos mortos. É esse testemunho visceral que contamina quem esteve próximo da morte do outro. Narrar a experiência traumática é a condição do sobrevivente para sair do inferno e iniciar o trabalho de luto e se religar ao mundo, prova viva do desejo de renascer das cinzas, embora muitas vezes testemunhar não tenha sido o suficiente para evitar a angústia que pode levar o sujeito ao suicídio. De todas as formas, testemunhar é um dever ético, que implica o sujeito em sua responsabilidade diante do outro no momento de sua morte (ou morte potencial). Ouçamos um trecho de *É isso um homem?*, de Primo Levi, o escritor que procurou transmitir os efeitos da dessubjetivação vivida no campo de concentração até o limite do indizível, para ilustrar as ideias de Seligmann:

> A necessidade de contar "aos outros", de tornar "os outros" participantes, alcançou entre nós, antes e depois da libertação, caráter de impulso imediato e violento, até o ponto de competir com outras necessidades elementares.[126]

Uma questão de vida ou morte. Em última instância, a escrita de Levi dá à palavra o poder de disseminar aquilo que o tritura para despertar a consciência de

---

[126] Primo Levi, *É isso um homem?*, p. 7.

outros ao que nunca conhecerão, mas que faz parte da história do homem. Disseminação do que deve contaminar a sociedade, no sentido de se ampliar a escuta aos traumas individuais e coletivos.

É preciso chamar atenção para as dificuldades que o próprio Primo Levi, Ruth Klüger, Helen Lewis e outros escritores encontraram em serem ouvidos pelos que não queriam saber do ocorrido, o Holocausto, a invenção da máquina de extermínio de milhares de homens, mulheres e crianças e a destruição compulsiva das subjetividades daqueles que foram poupados da morte. Pior que isso só mesmo a insistência daqueles que tentam destruir as marcas factuais e os relatos subjetivos das catástrofes e traumas coletivos do século XX.

A psicanalista Hélène Piralian (2000), perscrutando o genocídio dos armênios (1915-6) até hoje negado pelo governo da Turquia, reconheceu na prática cada vez mais presente na cultura de destruir as marcas de um extermínio, o segundo assassinato das vítimas, pois, ao dificultar o trabalho de luto de seus descendentes, exclui o dever ético de reescrever e expor o trauma do genocídio. Isso, e apenas isso, alcança impedir que o sofrimento traumático seja relegado ao passado ou circunscrito apenas ao nível do particular. É preciso enfrentar a realidade de que a história do genocídio armênio não se restringe a uma geração ou à história de um povo. Ela é parte de toda a história da humanidade e enquanto tal precisa ser lembrada por todos.

Repensando essas questões oriundas do campo da crítica literária sob a Shoah, a psicanalista Marylink

Kupferberg (2009), apoiada no estudo sobre trauma e tradição em *O homem Moisés*, cunha a expressão "zonas de silêncio" para definir o segredo que se instala nas famílias em que um dos membros viveu um trauma, seja ele particular ou da ordem de uma catástrofe histórica. Escutando as narrativas de algumas famílias de sobreviventes da Segunda Guerra Mundial, a autora pôde perceber como a interrupção da narrativa sobre o vivido chega a influir duramente nas gerações posteriores a essa catástrofe que não foi completamente reconhecida. Quando o esforço de metaforização é interrompido pelo impacto de um evento traumático, os sobreviventes devastados se mantêm no limite do dizível. Em geral se veem diante do conflito de narrar e a dificuldade em encontrar as palavras que possam transmitir o horror sem nome que os emudeceu. O silêncio produz efeitos traumáticos sobre as gerações pós-genocídio: quem não viveu a experiência concretamente, acaba ficando, ainda que sem saber, encarregado de preencher a lacuna de memória em relação à história de seus pais.

As zonas de silêncio, os "não ditos", são moldadas pela angústia e pelo medo do sujeito de não ser ouvido ou, em alguns casos, de ser punido por conta do que testemunhou. Foi o que aconteceu, por exemplo, com os homossexuais que sobreviveram ao Holocausto, mas não tiveram voz ativa na historiografia do pós-guerra, por temerem a homofobia da família e da população de seus países. O silêncio coletivo em que viveram durante anos, por temor de confessar o motivo da sua passagem pelos campos, se deu também em função das leis contra homossexuais que vigoraram por longo período depois de terminado o abalo dos alicerces civilizatórios durante a primeira metade do século XX. Nesse caso, a repressão cultural reenviava o homossexual, ainda que simbolicamente, à violência traumática dos campos, pois de novo se encontravam sem voz.

Por fim, é importante lembrar que a transmissão intergeracional de um trauma, de acordo com o que refletimos em relação às teses de *O homem Moisés* sobre transmissão, pode permanecer latente no decorrer de várias gerações. Fato que já está sendo reconhecido até mesmo por alguns biólogos contemporâneos para os quais a transmissão simbólica tem um potencial de tradução muito maior do que o da informação do sistema genético.[127]

Se o conceito de testemunho tem suas raízes no entrecruzar dos estudos literários com a teoria psicanalítica e os processos históricos e, desde esse espaço multidisciplinar, toma o sentido de disseminador e guardião da memória, então é possível sustentar em base a teoria pulsional de que o ato de testemunhar arranca o sujeito da posição passiva para implicá-lo na transformação da situação traumática vivida. Esse papel transformador é visível na clínica psicanalítica, o espaço no qual a realidade traumática interna (fantasia) ou a externa provocada por um acontecimento empírico inesperado são revividas enquanto performance de um falar testemunhal, capaz de despertar o sujeito para a vida.

---

[127] Cf. *Evolução em quatro dimensões*, de Eva Jablonka e Marion J. Lamb (2010).

Maria, uma menina de 9 anos, é acometida de terrores noturnos um dia depois do massacre ocorrido numa escola pública no Rio de Janeiro, em 2011. Na ocasião, um ex-estudante conseguiu burlar a vigilância, entrar na escola e atirar contra diversos alunos. Muitos deles morreram, deixando traumatizados não apenas os que se salvaram, mas também grande parte do povo brasileiro. Maria acorda no meio da noite em prantos, mas não quer falar sobre a causa do choro. No dia seguinte, vai para a escola e, duas horas depois, a mãe recebe um telefonema da coordenadora pedindo para ir buscar sua filha. A professora, a mesma que havia pedido à mãe, alguns meses antes, que levasse a filha para uma análise devido a dificuldades que apresentava junto aos coleguinhas, conta que a menina passou a chorar convulsivamente depois que alguns alunos começaram a falar do massacre ocorrido na outra escola. As crianças estavam com medo de que algum "maluco" viesse atacá-las na escola, mas Maria mostrava-se muito assustada. A professora havia tentado convencer a aluna de que naquela escola ela estava protegida, mas a menina parecia não ouvir, continuava angustiada e inconsolável. A mãe, então, levou a menina, que permanecia se recusando a dizer o porquê do choro, para casa. À noite, um novo ataque de angústia acordou Maria que, dessa vez, expressava o desejo de encontrar Tati, a sua analista. Esta me contou, em supervisão, que a mãe da menina lhe telefonara às 6h30 da manhã e que ela se dispusera a receber a paciente no primeiro horário. Ao chegar, Maria se agarrou à analista, chorando convulsivamente. Timidamente, disse: "Você viu na televisão o que aconteceu naquela escola? Tenho muito medo." A analista, angustiada com o ocorrido e com o sofrimento da menina, respondeu: "Não tenha medo, já passou. Na sua escola isso não tem possibilidade de acontecer, tem segurança, não entra qualquer um." Ao que a menina respondeu, zangada: "Você não está entendendo: estou com medo de ser como o assassino. Tive um sonho que estava com uma faca matando o pessoal da minha turma." Tati percebeu que, diferentemente das outras crianças identificadas com as vítimas que foram assassinadas, a menina se identificava com o assassino. Mas essa percepção não livrou a analista da angústia. Disse para a menina: "Todos nós, às vezes, sentimos muita raiva de alguém e temos vontade de sair matando." E numa tentativa de desidentificá-la com o assassino continuou: "O assassino era maluco e você apenas sonhou; não há hipótese de você fazer uma coisa dessa." A sábia menina perguntou: "Como é que eu posso ter certeza disto?" A analista, percebendo sua própria resistência em ouvir a criança narrar o trauma, calou-se. Fez-se um grande silêncio. Passados alguns minutos, a menina perguntou: "Do que é que vamos brincar hoje?" E a analista respondeu: "De maldade!" Maria começou então a encenar cenas de guerra e crueldade contra a analista que, retomando o lugar da transferência, levou a menina a legendar o real através da brincadeira "de maldade". O jogo de erotização do desejo de matar que habita a alma humana, encenado na sessão, fez com que Maria passasse a dormir tranquila.

Essa missão da psicanálise, de criar um espaço para a elaboração do traumático por meio do ato da palavra, está presente na escrita de *O homem Moisés*. Por um lado, Freud testemunha com a escrita o que significa acionar as forças necessárias para sair da posição passiva causada pelo relampejo da morte anunciada aos judeus. Por outro, comparando essa situação ao destino da menina que se identificou com o agressor, pode-se dizer que, caso Freud tenha se identificado com alguém, certamente foi com a figura do rabino Jochanan ben Sakkai e seu empreendimento.[128] Essa figura eminente da tradição foi igualmente evocada no momento em que ele propôs aos analistas do Comitê Diretor da Sociedade Psicanalítica de Viena, que estavam reunidos em função dos destinos a serem decididos com a chegada de Hitler à Áustria, como dar continuidade à transmissão da psicanálise no exílio: "Após a destruição do Templo, o rabino J. ben Sakkai pediu permissão para abrir uma escola em Jabneh para o estudo da Torá. Nós faremos a mesma coisa."[129] Assim Freud reconhece que, em seu ato, ben Zakkai fez mais do que impulsionar construções especulativas em torno do Livro, circunscrevendo-o como lugar central de elaboração da destruição do Templo, da perda de Jerusalém e de uma ética da memória. Um testemunho *avant la lettre* do pensamento psicanalítico de que toda escrita implica a reescrita que faz o contorno do objeto perdido.

---

[128] *O homem Moisés*, p. 156.
[129] Apud E. Jones, op. cit., vol. III, p. 226.

E Viena se tornou a Jerusalém de Freud, segundo o que lemos no prefácio escrito em Londres: "A psicanálise, que no decorrer de minha longa vida chegou a toda parte, ainda não tem um lar que para ela fosse mais valioso do que justamente a cidade em que nasceu e cresceu."[130] Confissão da perda a ser sempre refeita? A escrita, já o dissemos, repara uma perda. Agora podemos acrescentar que, enquanto experiência traumática, a perda implica o sujeito eticamente na *responsabilidade* pelo objeto perdido, na obrigação de lembrá-lo, como penhor da transmissão.

> Se eu me esquecer de ti, Jerusalém, esqueça-se a minha mão direita de sua destreza/
> Apegue-me a língua ao céu da boca, se eu não me lembrar de ti, se eu não preferir Jerusalém à minha maior alegria.
>
> (Salmo 137:5-6)

Por que não tomar esse salmo como exemplo ilustrativo da proposição de Walter Benjamin de que "articular o passado não significa conhecê-lo como ele de fato foi. Significa apropriar-se de uma reminiscência, tal como ela relampeja no momento do perigo"?[131] Encontro nessa passagem do texto benjaminiano uma afinidade estreita com a ideia freudiana de que a memória, ao transmitir a perda, "faz passar o que foi perdido

---

[130] *O homem Moisés*, p. 91.
[131] Walter Benjamin, *Magia e técnica, arte e política...*, p. 224.

à lembrança, para perdê-lo de novo, no trabalho de luto que concerne ao sujeito na sua dor mais íntima".[132]

Vale a pena repetir: "A psicanálise, que no decorrer de minha longa vida chegou a toda parte, ainda não tem um lar que para ela fosse mais valioso do que justamente a cidade em que nasceu e cresceu." Um paradoxo: desde os seus primórdios, a disciplina esteve na dependência de um não lugar, da falta absoluta de cidadania que não outra, a do país do outro. Estranha topografia. Mas por princípio, ao se situar assim, a psicanálise garante que a transmissão de seus conceitos, determinados pelo saber inconsciente, um saber que não se sabe, estejam plenamente articulados a outras gerações de analistas. Que lugar é esse?

Convoco a fabulosa narrativa de Guimarães Rosa, "A terceira margem do rio", para iluminar nossas reflexões sobre esse lugar extraterritorial que a psicanálise ocupa na cultura. Um homem decide abandonar a família, ir-se numa canoa para o meio do rio sem nunca voltar a uma das duas margens possíveis. Os filhos assistem à partida e o pai abençoa apenas aquele que manifesta o desejo de ir-se com ele. Passados alguns anos, já velho, apela a esse filho que o substitua na tarefa de manter-se no fluxo contínuo do rio. Entretanto, tomado de pânico, o jovem não atende à convocação e, daí em diante, o conto se transforma na narrativa de sua culpa. A crítica literária costuma traduzir esse impasse entre pai e

---

[132] Eduardo Vidal, "Facticidades", in *Memórias e cinzas*: vozes do silêncio, p. 156.

filho como o impasse de todo escritor diante do rio da tradição. Para criar uma obra de valor, todo autor deve ocupar o lugar da terceira margem, lugar simbólico da transmissão de uma herança cultural. Pode-se dizer o mesmo em relação à transmissão da psicanálise: navegar através da terceira margem é preciso. Aqui o analista, sem as garantias oferecidas pelas duas outras margens, vê-se confrontado, em sua solidão, com a letra do texto de Freud, que não para de não se escrever porque na dependência do trabalho analítico.

Da religião do pai à religião do filho

No fim da primeira parte do terceiro ensaio, Freud decide postergar o estudo que vinha desenvolvendo em relação ao peso da religião de Ikhnaton sobre a formação do caráter do povo judeu e abordar, ainda que de forma breve, as consequências da fundação do cristianismo na história das religiões. Seguiremos o mesmo roteiro para apreender a razão pela qual, na recapitulação que precede aquele ensaio, o autor reconhece que, apesar de repetitiva, muitas vezes até mesmo de modo literal, a segunda parte do terceiro ensaio não poderia deixar de ser publicada, sob pena de descartar a importância do que se impunha a si mesmo "como algo independente, até mesmo estranho".[133] Não seria essa confissão, por si só, a medida certa da submissão do autor à potência surda de uma palavra vinda da alteridade?

---

[133] *O homem Moisés*, p. 146.

Embora o assassinato do grande homem tenha permitido a reintegração do parricídio em seus direitos históricos, o desmentido do ato impediu sumariamente a elaboração de outras partes da tragédia pré-histórica. Uma crescente *consciência de culpa* advinda no lugar de uma impressão mnêmica teria mergulhado o povo judeu no cumprimento cada vez maior da lei mosaica já internalizada e em constante vigilância. Até que o judeu Saulo de Tarso, um "agitador político-religioso",[134] conhecido como Paulo, por ser cidadão romano, percebeu, conforme a leitura de Freud, as duas ideias opostas vigentes no universo judaico — não matamos o pai/ matamos o pai e por isso nos submetemos à sua lei. Devido à capacidade do apóstolo de reconhecer os traços do passado no presente, Freud deu a ele um papel mais importante do que Jesus, cujo nome aparece apenas uma vez e uma segunda como Jesus Cristo. Em função dessa percepção, Freud adere à tese histórica de que dentre todos os que acompanharam Jesus, foi Paulo quem teve o maior peso na fundação do cristianismo.

Na atualidade, embora especialistas em história da religião tenham abandonado a versão de que Paulo inventou o cristianismo, isso não afeta a leitura de Freud, porque aquilo que o interessava era demonstrar que o apóstolo soube articular, ainda que não de forma explícita, a ideia de pecado original ao assassinato do pai primevo e promover literalmente, através da fantasia de expiação, a morte de Jesus à condição de

---

[134] Ibidem, p. 126.

mensagem redentora da culpa. No entendimento de Freud, o resultado da operação paulina foi enunciar a fonte da "consciência de culpa" superegoica ("Somos tão infelizes porque matamos Deus-Pai") e com isso acentuar a função paradoxal do castigo, qual seja, o alívio de uma culpa que não se sabe de onde vem ("Fomos redimidos de toda culpa desde que um de nós sacrificou sua vida para nos absolver").[135] A morte do filho de Deus, morte judiciária e qualificada como sacrifício de si, portanto diferente da morte do pai totêmico e da morte de Moisés, aliviou a consciência de culpa que há muito "não se limitava mais ao povo judeu; sob a forma de um mal-estar surdo [...] tinha se apoderado de todos os povos do Mediterrâneo".[136]

Como a morte de um inocente alcançou o poder de desculpabilizar a todos que o reconheceram como salvador? Com rigor, Freud demonstra que essa ideia é uma distorção do Novo Testamento para encobrir a circunstância de que "o redentor não poderia ser outro senão o principal culpado, o chefe do bando de irmãos que tinha subjugado o pai".[137] E mesmo que a verdade material da existência e morte de Jesus não tenha como ser comprovada, a própria construção de Paulo do pecado original e da redenção — pilares do cristianismo — compôs uma trama político-religiosa bastante sólida a ponto de fazer surgir uma nova era. Conhecedor

---

[135] Ibidem, p. 181.
[136] Ibidem, p. 180.
[137] Ibidem, p. 126.

profundo da lei judaica, o grande apóstolo de Cristo, segundo Freud, foi o "destruidor" do judaísmo: renunciou à ideia de eleição divina e proscreveu a circuncisão, duas das marcas mais importantes da singularidade do povo do deserto. Não é desconhecido um dos seus dogmas centrais, que baniu a circuncisão e instituiu o batismo em Cristo: "Não há nem judeu nem grego, não há nem escravo nem homem livre, não há nem homem nem mulher, porque sois um em Jesus Cristo" (Gálatas 3:28). Milner (2006) chama atenção para o fato de que essas três negações desembocam em uma única afirmação que é a regra do universal: "Todos vocês são um." Na religião de Paulo — o judeu para o qual o Messias veio —, o futuro se realizou e o presente tornou-se o espaço da união de todos. Eis então que esse homem de gênio religioso, além de reintegrar as consequências da tragédia primitiva no Novo Testamento, estabeleceu uma cisão entre a religião do pai, a religião da lei, e a religião do filho, a religião da fé. Quanto à destruição do judaísmo em função do advento do cristianismo a narrativa freudiana parece levar o saber sobre as origens até o limite: Moisés, um estrangeiro, criou o povo que mais tarde o assassinou, e Paulo, um judeu, o destruiu em nome de um outro crime que deu origem ao cristianismo. Na "origem", o assassinato do pai.

"Com relação ao retorno do recalcado, o cristianismo foi um progresso, e a religião judaica, a partir daí, tornou-se em certa medida um fóssil."[138] Nesses termos,

---

[138] *O homem Moisés*, p. 71.

Freud reconhece que a religião cristã é uma forma mais elaborada de transmissão do real do assassinato do pai da horda. Dentro dessa leitura, os efeitos da operação do recalque no cristianismo secundarizam a operação do desmentido no judaísmo; o que é perfeitamente demonstrável na cerimônia cristã da sagrada comunhão, a representação amorosa da incorporação, ainda que incompleta, do pai. O ódio, resto inassimilável, se mostrou, como sempre acontece a qualquer instituição que ultrapassa o narcisismo que mantém as fronteiras entre o grupo e o outro, na destruição dos que não aceitaram a "mensagem redentora (evangelho)".[139] Por que é preciso haver ódio para que haja avanço na subjetividade? Porque o ódio é um sinal da presença do sujeito. Na medida em que se destaca esse elemento significante da imagem, aquela constituição unitária é afetada e o sujeito é levado a ter de colocar um elemento novo no lugar. No início está o ódio, a experiência do desprazer que desorganiza a beatitude do completo.

Mas, como sempre acontece nos textos freudianos, *O homem Moisés* reserva surpresas. Logo depois de ter introduzido a tese do progresso cultural que significou o cristianismo, o autor escreve que a religião do filho representa também uma forte regressão espiritual se comparada à antiga, a judaica. A começar pelo próprio lugar que Cristo veio ocupar, aquele do pai que todo filho deseja tomar desde os tempos primitivos. O que era vigente no judaísmo, Deus-Pai onipotente e onis-

---

[139] Ibidem, p. 126.

ciente, ficou obscurecido com a chegada de Cristo. A visibilidade do filho de Deus se contrapôs à presença de Moisés, que permaneceu sempre à sombra Dele. "Quando Moisés pede a seu Deus para vê-Lo, seu Deus passa à sua frente cobrindo-lhe o rosto" (Êxodo, 33, 22). A nova religião não soube se conservar à altura da espiritualização egípcia/judaica (repúdio à magia e à feitiçaria; e louvor ao deus da justiça e da verdade): substituiu a falta de promessa de vida após a morte pela certeza de sua existência, promoveu o retorno parcial da religião de Amon sobre a religião de Ikhnaton, estritamente monoteísta e iconoclasta, e consentiu o retorno à divindade materna. Assim, a oposição progresso/retrocesso se funde num mesmo enunciado: de um lado, a transgressão à ordem vigente da lei mosaica e, de outro, a regressão a um estágio religioso no qual as representações simbólicas do pai morto se mostram mais rudimentares do que as que vigoravam no judaísmo.

É preciso reconhecer e dar destaque ao fato de que Freud não está interessado (como autor de um livro em que expõe a teoria psicanalítica desde os seus primórdios) em fazer nenhum julgamento de valor em relação a essa ou àquela religião. Nem tampouco em emitir, como o fazem pateticamente alguns autores, pareceres diagnósticos sobre qualquer religião. Não há, em *O homem Moisés*, nenhuma atribuição psicopatológica a essas manifestações culturais. A analogia explícita entre religião e sintoma, que mereceu um segmento no terceiro ensaio, não justifica a tentativa dos analistas em engessá-la em quadros psicopatológicos.

Na leitura psicanalítica dos fenômenos culturais, conforme o preceito enunciado no final de *O mal-estar na cultura*, deve-se evitar interpretações estereotipadas, ter consciência do perigo que é arrancar os conceitos psicanalíticos da esfera em que nasceram e se desenvolveram — a clínica. Ao mesmo tempo, a psicanálise não deve desistir de estabelecer conexões com outros campos do saber, deles saber extrair conhecimentos assim como a eles devolver algum saber mantido à margem de suas bases epistemológicas.

O que acontece com alguns comentaristas de *O homem Moisés,* que não conseguem apreender e articular a analogia entre sintoma e religião? De acordo com o que desenvolvemos até o presente momento, Freud, investigando uma tradição que, apesar de desaparecida, exerce efeitos poderosos sobre a vida psíquica de um povo, encontra os mecanismos psíquicos da denegação e do desmentido — que operam tanto no sintoma quanto no trabalho do sonho —, e constituem distorções da escrita de qualquer manifestação cultural. Razão pela qual precisam ser desvelados. Esse argumento teórico escapa justamente àqueles que atribuem o diagnóstico de perversão ao judaísmo e o de neurose ao cristianismo. Não faltam também interpretações daqueles que, mesmo reconhecendo o valor metapsicológico da obra de 1939, advogam a ideia de que Freud teria proposto uma saída aos infortúnios do povo judeu: a conversão ao catolicismo.[140] Uma saída da perversão

---

[140] Cf. a introdução de E. Schweidson ao livro *Memórias e cinzas: vozes do silêncio.*

à neurose? Além de preconceituoso, esse tipo de leitura "ignora" que, em primeira instância, o interesse de Freud pelos fenômenos e questões da *Kultur* o levou a demonstrar que o mal-estar na cultura diz respeito à impossibilidade de conduzir os homens na direção da felicidade de viver em conjunto. Conclusão: o exercício de diagnosticar os fenômenos culturais, além de pouco sério, é estéril.

Antissemitismo, antifeminismo e homofobia

À medida que o nazismo avançava, o empenho de Freud em perscrutar o mal-estar de sua época aumentava. Tomando por base as raízes de seu pensamento sobre intolerância à diferença, já esboçada em "O tabu da virgindade" (1918), texto no qual deriva a rejeição que os homens, em geral, votam as mulheres, ao órgão genital feminino, que acaba por transmitir-se ao corpo da mulher, ao "narcisismo das pequenas diferenças", Freud mergulha no cenário do ódio milenar dirigido ao povo judeu. E em acréscimo ao que já foi dito no segundo capítulo da presente obra, vamos examinar algumas características da religião mosaica emprestada do Egito determinantes de certos traços, nos termos do pai da psicanálise, que fomentavam a sistemática segregação que sofriam nos 1930.

Em um movimento como o nazismo, que possuía centenas de milhares de membros, pode não ser especialmente surpreendente descobrir que o ódio antissemita não passou de um produto direto daqueles que foram "mal batizados",[141] isto é, dos cristãos que não puderam experimentar a vivência histórica da redenção, pois foram convertidos ao cristianismo, mais tarde, por força da "coação sangrenta". Essa é uma das teses sustentadas por Freud, certamente embasada na ideia de que acontecimentos sofridos que não encontram uma via de elaboração adequada buscam expressão na atuação mimética contra o outro. Era voz corrente entre historiadores e críticos da cultura, quando da escrita de *O homem Moisés*, que havia uma rejeição básica, por parte dos nazistas, tanto ao cristianismo quanto ao judaísmo. Freud endossou essa visão mas mostrou que o tratamento hostil do nacional-socialismo ao cristianismo não se dava na mesma medida que o endereçado a seu inimigo radical, o povo judeu. Historicamente, a ideia da divindade de Cristo e o relato do seu sacrifício custaram caro aos judeus, que foram acusados de matar Deus. Acusação essa que moldou muitos dos discursos acusatórios e persecutórios que recaem sistematicamente sobre aqueles que ainda seguem a religião do pai.

Entre as diferenças que fazem do judeu o estrangeiro do outro, Freud considera o desmentido da morte do pai primordial e uma série de particularidades transmitidas por Moisés, o egípcio, entre elas a recusa à magia, característica que já atraía hostilidade sobre o povo desde o período helenístico. O fato de a religião mosaica, em princípio, não produzir ilusões

---

[141] *O homem Moisés*, p. 132.

conciliatórias acerca da vida e da morte condenou-a definitivamente, segundo Freud, à intolerância. Uma religião inquietante.

A convicção de ser o escolhido de Deus elevou a autoestima e confiança ao povo de Moisés, o egípcio. Por outro lado, essa mesma fantasia se tornou um dos alvos privilegiados de ataque ao judeu. Introduzida estrategicamente pelo grande homem e suprimida no cristianismo, ela é, de acordo com o que lemos em *O homem Moisés*, uma fonte inesgotável de ciúmes e inveja doentios por parte daqueles que acreditam haver uma verdade material nessa reivindicação. O discurso de Hitler confirma a interpretação freudiana: "Não pode haver dois povos eleitos; somos nós o povo de Deus."[142] Essa frase desnuda o fato de que o ciúme — que em sua essência não representa, como bem demonstrou Lacan em *Os complexos familiares* (2003), uma rivalidade vital mas uma identificação — pode ser transformado, bem rápido, numa fonte de racismo. No mundo totalitário em que a lei tornou-se um instrumento de violência cultural, a Solução Final foi o procedimento que o nazismo encontrou para garantir o próprio delírio de eleição divina e, ao mesmo tempo, precaver-se do perigo de não ter roubado seu território, seus empregos, sua riqueza e suas mulheres pelo outro.

Por fim, na série de motivos do ódio ao judeu encontra-se o costume da circuncisão, outra particularidade

---

[142] Adolf Hitler, apud *El inconsciente freudiano y la revolución iconoclasta*, p. 54.

irredutível na religião do pai e proscrita na religião do filho, em nome da garantia do amor de Cristo: "Eis que eu, Paulo, vos digo que, se vos deixardes circuncidar, Cristo de nada vos aproveitará" (Gálatas 5:2). Na modernidade, a imagem do pênis circunciso, considerado alterado e danificado, tornou-se o centro da definição de judeu. A maioria das fantasias, que mais tarde forneceram as bases da propaganda nazista contra o judeu, girava em torno da ideia de que a circuncisão era um processo de feminização do homem. De uma maneira geral, o pânico da feminização correspondia ao horror de sua judeização. Assim, feminilidade e judeidade, duas figuras de alteridade que assombravam a Viena de Freud, serviram de esteio ao discurso antissemita do manifesto político de Hitler, *Mein Kampf*: "A emancipação feminina é uma invenção dos judeus e a mulher foi aquela que introduziu o pecado no mundo."[143] Historicamente, a emancipação da mulher, ocorrida no decurso do século XIX, ainda que constantemente precária e frequentemente questionada, provocou o surgimento do antifeminismo, calcado no tradicionalismo e em questões morais ligadas ao estatuto social da mulher. Já o discurso médico-social da cultura austríaca abalou os alicerces da emancipação político-social dos judeus.

No campo da filosofia, é na escrita de Otto Weininger que feminilidade e judeidade aparecem em estreita

---

[143] Adolf Hitler, apud "Figures viennoises de l'alterité. Feminité et judaité", in *L'Écrit du temps*, n. 5, p. 56.

relação, fazendo precisamente da mulher e do judeu o espírito mesmo da modernidade, e da sexualidade seu valor supremo. A proposta de um elo indissolúvel entre feminilidade e judaísmo era bastante conhecida entre os intelectuais vienenses *fin de siécle*. Freud, redigindo o caso clínico do "Pequeno Hans", lembra, numa nota de rodapé, as ideias de Weininger ao se referir à raiz do antissemitismo e ao antifeminismo ao complexo de castração, "pois já no quarto das crianças, o menino ouve dizer que cortaram algo no pênis dos judeus — um pedaço do pênis, pensa ele —, e isso lhe dá o direito de desprezá-lo".[144] Em *O homem Moisés*, o autor volta ao tema, designando a circuncisão como um dos traços que funda a estranheza do outro, porque lembra a ausência ou a privação, e desperta estranhamento, já que a marca da circuncisão faz com que o incircunciso se depare com a falência do ideal da virilidade sem perdas.

Desde então a psicanálise formula, em sua linguagem específica, um tema central da teoria crítica do fim do século XIX e começo do século XX: a raiz inconsciente mais forte para o sentimento de superioridade sobre o judeu e a mulher é a diferença sexual. Sob a sombra dessa realidade discriminatória e generalizada, longe de fazer apenas uma analogia entre o judeu e o feminino, Freud insistiu em demonstrar que a vivência sinistra diante da circuncisão é homóloga à impressão inquietante causada pelo sexo da mulher. Ambas

---

[144] S. Freud, "Análisis de la fobia de un niño de cinco años" (1909) op. cit., p. 32. Nota 4.

provocam um horror determinado: o horror à castração. E quando em psicanálise nos referimos a esse tipo de aversão, entramos no campo da angústia, signo do colapso de todos os pontos referenciais identificatórios que o contato com a diferença causa. E se a diferença pode estar em qualquer lugar, bastando que o real do outro se manifeste como estrangeiro, quanto mais o discurso se exercita no sentido da uniformização, tanto mais o disforme tende a se manifestar. O princípio de unidade que prescinde do exterior leva o ódio ao paroxismo, à eliminação do outro (Koltai, 2000).

À luz do que precede seria interessante abordar, ainda que rapidamente, uma outra fonte de ódio ao outro que determinou a segregação de homens e mulheres durante o regime nazista: o homossexualismo. Desde o fim do século XIX, a aversão aos homens e às mulheres cuja escolha por diferentes posições libidinais, que não as determinadas pela anatomia dos sexos, foi o fio condutor da patologização da homossexualidade, considerada uma alteração sexual. Mas não foi apenas isso: o famoso parágrafo 175 do Código Civil da Alemanha criminalizou as relações homossexuais baseando-se, justamente, nesse diagnóstico de doenças de seres inferiores e degenerados.

No alvorecer do século XX, Freud contrapôs ao ideal da relação sexual marcada pela anatomia do sexo, um outro olhar: o homem é um animal pulsional, ou seja, movido por uma força constante em direção a um objeto faltoso. Desde então o mestre vienense, formula Marco Antonio Coutinho Jorge (2013), empenhou-se em mostrar que há um real do sexo inabordável pelo simbólico sobre o qual a cultura tenta urdir a complementariedade entre os dois sexos. Nada poderia ilustrar melhor essa ideia do que a própria cultura nazista que, na tentativa de tornar verdade absoluta a fantasia de atração entre sexos opostos, edificou uma fábrica de extermínio de alteridades. O Nacional Socialismo, de mãos dadas com a ciência, arrastou ao paroxismo o horror a outras versões da sexualidade humana que não aquela cientificamente "normal". Entre as denúncias que Freud fez a esse conluio "cientificista" com vistas a anular a diferença sexual, o real em jogo na sexualidade, há uma passagem em *O homem Moisés* bastante contundente: "Vivemos numa época particularmente curiosa. Descobrimos com espanto que o progresso selou uma aliança com a barbárie."[145]

O que interessa aqui ressaltar é que todo o desenvolvimento teórico do fenômeno de intolerância ao outro em *O homem Moisés* ilumina com cores fortes a declaração de Freud ao jornal vienense *Die Zeit*, em 27 de outubro de 1903, três anos depois de fundar a psicanálise:

> A homossexualidade não é algo a ser tratado nos tribunais. Eu tenho a firme convicção que os homossexuais não devem ser tratados como doentes, pois uma tal orientação não é uma doença. Isto nos obrigaria a qualificar como doentes um grande número de pen-

---

[145] *O homem Moisés*, p. 89.

sadores que admiramos justamente em razão de sua saúde mental [...]. Os homossexuais não são pessoas doentes. Eles também não devem ser julgados por nenhuma corte de justiça

Três décadas após essa entrevista, Freud assina um apelo ao *Reichstag* alemão junto com Arthur Schnitzler, Stefan Zweig, Herman Swoboda e outros, para revogar a parte do código penal que havia transformado relações homossexuais em crime.[146] Um fragmento desse manifesto nos dá a medida de quanto a psicanálise, aí representada pela assinatura de Freud, em sua tessitura teórica abriu as portas para se pensar novas formas de subjetividade, mais além da anatomia sexual:

Essa lei representa grave violação dos direitos humanos, porque nega aos homossexuais a própria sexualidade, embora os interesses de terceiros não sejam usurpados [...] Os homossexuais têm os mesmos direitos civis a cumprir, como todos os outros. Mesmos direitos civis mas sobretudo o direito de permanecer exercendo uma orientação sexual estrangeira à maioria

Entretanto, quando convidado a escrever numa coluna do jornal inglês *Time and Tide* sobre o antissemitismo, Freud ponderou que uma tomada de posição

---

[146] Freud apud *Being Homossexual: Gay Man and their Developman*. A tradução do apelo foi publicada em "The Gay Right Freud" in *Body Politic*, nº 33 (1977). Disponível em: http://archive.org/stream/bodypolitic34toro/bodypolitic34toro_djvu.txt

contra o antissemitismo e a favor do povo judeu deveria vir do outro, da maioria. Preferiu declinar o convite. Essa é a mesma posição que encontramos em um pequeno texto das *Obras completas*, "Um comentário sobre o antissemitismo", escrito logo depois de ter decidido publicar seu *O homem Moisés* na Inglaterra. Se me fosse permitido sugerir uma interpretação para a decisão de Freud em não advogar em causa própria, em contraposição à petição assinada em favor dos homossexuais, diria que ela traduz uma posição ética em que a identificação ao outro excluído do laço social constitui uma estratégia de combate à barbárie. Émile Zola, um dos autores preferidos de Freud, teve essa atitude quando da escrita, no fim do século XIX, de "J'accuse", um texto veemente contra a perseguição racial que determinou condenação arbitrária, injusta e sobretudo ilegal do capitão Dreyfuss, um oficial judeu do exército francês. Talvez Freud desejasse que ocorresse o mesmo na Europa do século XX. Mas isso é apenas uma suspeita.

De todas as formas, penso que os analistas encontram na assinatura de Freud em favor dos homossexuais e em sua resposta negativa ao jornal inglês de se pronunciar sobre o antissemitismo um paradigma da responsabilidade do sujeito pelo outro da diferença.[147]

---

[147] Recorro aqui ao pensamento de Lévinas. A *responsabilidade* por outrem, o que está para além da imagem é, para esse filósofo, a estrutura primeira da subjetividade que emerge da interdição do assassinato do outro. Ou, o que dá no mesmo, da obrigação do sujeito em manter o outro vivo. *Ética e infinito*, p. 87.

Dar voz aos acontecimentos relegados à margem: a loucura, os fenômenos sensitivos, as percepções, as imagens e crenças diagnosticados pela psicologia e medicina como mero erro de sentido, ou mesmo puramente ilusórias — não foi isso também o que marcou o nascimento da prática analítica?

Parece, portanto, mais do que justo que Freud tenha colocado à prova, em seu testamento, a consistência dos conceitos metapsicológicos que sustentam a teoria psicanalítica da intolerância. Nesse processo, revisitou o campo da política — que naqueles tempos sombrios, de mãos dadas com a ciência e a razão, tinha decidido, em nome de um ideal, destruir tudo aquilo que não é semelhante, sem considerar que é justamente o dessemelhante que estrutura qualquer subjetividade

O HOMEM MOISÉS NA CONTEMPORANEIDADE

Onde isso estava o eu há de advir

"Há coisas que devem ser ditas mais de uma vez e que não podem ser ditas vezes o bastante." Até mesmo porque "não se pode exigir nem esperar respostas exaustivas para [todos] os enigmas que se pretendeu responder". Nesses termos, Freud inicia e encerra a última parte do terceiro ensaio, num gesto condizente com a própria forma da obra, com sua razão interna, com sua própria ânsia em dar consistência à multiplicidade do que tem a escrever. Pode-se também identificar, nesse gesto, um grande esforço em teorizar o que escutava na clínica e na leitura dos fenômenos culturais aos quais, a partir de 1923, segundo ele próprio confessou em sua autobiografia, consagrou a essência de seus interesses.

Comecemos pelo segmento intitulado "O progresso na *Geistigkeit*" (palavra alemã praticamente intraduzível e, por isso mesmo, extremamente discutida na torre de babel freudiana que ora a traduz por espiritualidade, ora a traduz por intelectualidade). Optei pela tradução "espiritualidade" por considerar que o termo alemão ultrapassa o mero âmbito dos "processos intelectuais superiores" aos quais Freud se refere no texto, englobando tudo o que disser respeito ao "imaterial" num sentido lato.[148]

O ponto de partida é o enigmático segundo mandamento da Torá: "Não farás para ti nem escultura nem qualquer imagem do que está nos céus está certo, na terra embaixo e nas águas debaixo da terra" (Êxodo, 20:4), e o não menos estranho acréscimo que recebeu quando da proibição de pronunciar o nome de Deus. A assombrosa estranheza de um Deus feito de nada, sem conteúdo e sem nomeação, é o escândalo da alteridade radical, de uma ausência, de um invisível visível em sua invisibilidade, sem limite de tempo, de ontem, de hoje e de sempre. O nome indizível e rigorosamente impensável e inassimilável nada tem a ver com as formas de expressão religiosas conhecidas: do totemismo ao Deus trinário cristão, seu estatuto é de uma outra ordem.

Assombrado, como muitos outros pensadores que se dedicaram a pensar a lei mosaica, Freud propõe ter sido ela a responsável pela "desmaterialização de Deus"[149] o que teria levado o povo de Moisés a preterir a "percepção sensorial frente a uma representação que cabe chamar de abstrata, um triunfo da espiritualidade sobre a sensualidade".[150] Crer numa divindade sem representação, segundo sua análise, aumentou o grande orgulho por si mesmo dos que cumpriam a lei. A questão, colocada nesses termos, já havia sido formulada por

---

[148] Usaremos igualmente a palavra "espiritual" (*Geistig*) no sentido usado por Freud, significando entendimento e compreensão, e não no sentido religioso da palavra.

[149] *O homem Moisés*, p. 158.

[150] *O homem Moisés*, p. 156.

Kant em sua *Crítica da faculdade de juízo*: o segundo mandamento, na qualidade da passagem mais sublime do Antigo Testamento, pode explicar por si só o entusiasmo do povo judeu por si próprio. Para o filósofo, o sublime concerne diretamente ao irrepresentável, ao que não pode ser contido em nenhuma forma sensível, daí porque conjuga essa categoria à cena mosaica de uma realidade que ultrapassa os sentidos e a imaginação.

Expliquemos melhor. O tetragrama que designa o nome do Deus invisível, IHVH, um escrito que não se pode ler senão na repetição diferencial de um som que não se pode dizer, não tem valor de significante, de alguma coisa que estaria por trás da combinação das letras. É uma cadeia de letras identificável mas vazia de sentido. IHVH aponta para algo infinitamente separado de tudo o que se conhece e é impossível de ser atingido. Marca da presença da alteridade. Daí Lévinas sustentar em sua obra que o nome indizível de Deus é a própria inscrição da diferença.[151] O filósofo também nos ensina que o termo hebraico aplicado a Deus, *Kadosh*, significa simultaneamente santo e separado. O santo não tem lugar, ou melhor, seu lugar é atópico, como seu templo é vazio de imagens. *Kadosh* designa a alteridade radicalmente separada e dessacralizada, isto é, sem conteúdo, sem objeto, e sem forma aderida, transcendente até a ausência. E por habitar fora do espaço e mais longe que o tempo, o deus sem rosto e sem imagem é o estrangeiro dos estrangeiros. Ex-timo a seu próprio povo, ocupa o lugar de um verdadeiro

---

[151] Emmanuel Lévinas, *Diós, la muerte y el tiempo*, p. 195.

"continente estrangeiro" na economia libidinal dos homens. A separação entre Deus e o homem, que todo o povo de Moisés foi chamado a viver, introduziu na história das religiões a transcendência absoluta produzida como não integrável. A rigor, segundo alguns estudos literários do Antigo Testamento, os paradoxos da linguagem são de tal ordem que um discurso sobre Deus que leve ao pé da letra a impossibilidade de dizer seu nome é incontestavelmente ateu.

Feitos esses esclarecimentos, podemos apreender com maior clareza como Freud situou essa abertura ao irrepresentável e seus efeitos sobre o indivíduo, em sua realidade pulsional de adversário da civilização. A religião de Moisés, o egípcio, suplantou a religião de Ikhnaton introduzindo a ideia de um Deus sublime, não subsumido ao conhecido e ao familiar. Essa seria a essência da lei mosaica. Porém, foi preciso apoio da fantasia de filho eleito para que o povo pudesse aceitar e reverenciar a inominável ausência. Em seu conjunto, as duas ideias mosaicas (a de povo eleito e a da fé no invisível) perpetraram nos judeus o sentimento de proteção e orgulho de sua própria capacidade de abstração. Freud chega a conjecturar que os escribas de Moisés podem ter tido alguma parte na invenção do alfabeto pois, se estiveram "sujeitos à proibição contra figuras, teriam tido ainda outro motivo para abandonar a escrita hieroglífica por figuras, enquanto adaptavam seus caracteres escritos".[152]

---

[152] *O homem Moisés*, p. 75, nota 47. Sobre esse tema que influenciou vários historiadores da escrita e psicanalistas, ver o livro de Claudia Moraes Rego (2005).

O que está embutido nessa pressuposição é a ideia de que a escrita é efeito da renúncia ao gozo escópico.

A intenção de Freud em perscrutar a lei mosaica não é a de defender o monoteísmo, como bem assinala Castro (1999), mas trazê-la ao cerne da seguinte questão: em que consiste o progresso na espiritualidade, se ele não é, em hipótese alguma, um processo acumulativo de saber? O *Geist* (espiritual), desde a perspectiva psicanalítica, diz respeito ao que pode aumentar a capacidade humana de apreensão do real incognoscível. Sobre esse fio e para tornar crível a análise do progresso espiritual que significou o mandamento bíblico, Freud se debruça sobre outros três momentos que considerou, tanto do ponto de vista lógico como cronológico, de igual teor.

O primeiro, o mais antigo avanço espiritual na história da humanidade, ele designa de "onipotência do pensamento", em homenagem à expressão inventada por um de seus pacientes, conhecido como o "Homem dos ratos", para descrever o poder de seus próprios pensamentos sobre a realização de seus desejos. Desde *Totem e tabu*, Freud já havia mostrado que o surgimento da linguagem determinou superestimação e orgulho do homem por seus dotes intelectuais. A magia das palavras pertence à mesma ordem de ideias: a convicção de que existe um poder ligado ao conhecimento e à enunciação de um nome. Oposto à atividade imediata dos órgãos sensoriais, o pensamento incentiva a reflexão sobre as coisas e os acontecimentos. E os homens foram incentivados, a partir daí, a praticar atos mágicos, a precursora da técnica moderna.

Em seguida, ocorre um outro avanço: a passagem do reino materno — lugar no qual se ancora a sensualidade — ao patriarcado. Desde a construção de seu mito, Freud havia estabelecido uma referência à anterioridade e permanente presença da deusa-mãe (terra), uma figura enigmática em seus textos. A mãe assume em outro texto, "O tema dos três cofres" (1913), três formas na vida do homem: a da própria mãe que dá a vida, a da companheira escolhida segundo o modelo materno, e, por fim, a terra-mãe, que o recebe para sempre (Freud, 1913b). A novidade de *O homem Moisés* está na ênfase dada ao êxodo da mãe (terra) em direção ao pai (organizador da desterritorialização). Freud menciona a *Oresteia*, a trilogia dramatúrgica de Ésquilo na qual supõe que haja um registro da passagem da ordem matriarcal à ordem patriarcal. Passagem ligada às relações jurídicas até então desconhecidas. Ao contrário do parricida Édipo que se cega e é banido de sua cidade, o matricida Orestes é absolvido por um voto de Minerva, ou seja, de Palas Atena, no primeiro tribunal que trataria de um homicídio.

Mater certissima. Pater incertus. A psicanálise transforma esse princípio de incerteza no triunfo da paternidade. É na incerteza do pai que está o vestígio de sua grandeza: "A paternidade é uma suposição construída com base numa conclusão e numa premissa",[153] uma abertura à errância do pensamento. E em acréscimo ao que já dissemos sobre o pai no capítulo anterior, é

---

[153] Idem, p. 157.

importante destacar que, no princípio da vida, ele é uma tentativa de resposta ao encontro traumático da criança com a mensagem enigmática do Outro pré-histórico, inesquecível a quem nenhum outro se iguala, conforme as diretrizes de Freud na Carta 52 a Fliess e no "Projeto" (1895). Enigma que impõe a tarefa inexequível de desvendar já que dele haverá sempre um resto intraduzível resistente à simbolização. Dito de outro modo: a mãe vem ocupar o lugar do Outro, em termos de intervenção do mundo externo. A criança se pergunta: "O que ela efetivamente quer além de mim, uma vez que não sou suficiente para ela?" A suposição do pai vem rebater justamente esse enigma por meio de traduções contingentes, soluções de compromisso que a aliviam da angústia diante do vazio do desejo do Outro.

Cabe lembrar que Lacan, leitor contumaz de *O homem Moisés*, ordenou os enunciados freudianos sobre o pai e a partir daí criou o significante do Nome-do-Pai, já enunciado na presente obra. Na única lição do *Seminário* sobre os Nomes-do-Pai, Lacan expõe a fonte de sua inspiração: a fórmula escrita do nome impronunciável de Deus (IHVH: *éheye ashér éhyé* — Êxodo 3:14-5)[154] revelada a Moisés no episódio da sarça ardente: "Eu sou quem

---

[154] A tradição judaica tende a traduzir o verbo *éheye* no futuro: "Eu serei quem eu serei." Porém André Chouraqui (1955), em seu *Moisés*, explica que a essa fórmula cabem duas traduções: "Serei quem serei" e "Eu sou quem sou". Para o homem bíblico, o verbo é essencialmente intemporal, o tempo não tem realidade objetiva, conjuga-se em relação à ação que se descreve. *Ehyè asher éhyè* deve ser apreendido como simultaneamente passado, presente e futuro. Sendo que o presente do verbo ser se exprime apenas pela adjunção do pronome pessoal ao nome: *Ani Isha*, isto é, "Eu, uma mulher".

sou." O "sou", palavra mestre, é o lugar do não-nome ou do nome que fica em suspenso, a cada vez que se diz "sou". O Nome-do-Pai está definido como o significante que garante a implicação do sujeito na cadeia significante (em termos freudianos, na cadeia de ideias e pensamentos associativos)[155] substituindo-se ao significante do Desejo da Mãe. O Nome-do-Pai corresponde, também, à ideia freudiana do pai como uma dedução, uma hipótese ou conjuntura. Relação que se encontra explícita em *A ética da psicanálise*, o seminário em que o autor reconhece que na história da humanidade a função do pai é uma sublimação, uma abertura essencial ao progresso na espiritualidade. Não é possível prolongar aqui o desenvolvimento do pensamento de Lacan em torno do significante que designa o nome do conjunto dos nomes do pai. Apenas chamar atenção para o fato de que sua formulação é a de um lugar vazio impossível de ser representado, e que o Nome-do-Pai realiza a função do pai, que é ligar o desejo e a Lei, significante e significado, o pensamento e o corpo (Miller, 2005).

Entre o surgir do fenômeno de onipotência de pensamento no sistema totêmico e o momento em que o patriarcado triunfou, sobreveio um outro avanço na espiritualidade: o reconhecimento de poderes "espirituais". Avanço que guarda parentesco manifesto com a proibição de figurar e nomear Deus e o advento da paternidade,

---

[155] A foraclusão do Nome-do-Pai, a *Verwerfung* freudiana ("rejeição", "abolição simbólica"), uma das negações constitutivas do sujeito, inviabiliza a implicação do sujeito na cadeia significante.

todos os três tributários de um elemento impossível de ser visto. Freud se apoia nas palavras de origem latina *animus,* derivada da raiz *ane* [respirar], *spiritus* [sopro]; do termo hebraico *ruach* [vento, sopro, espírito], para validar sua hipótese de que o sopro do vento, o ar invisível e em movimento, deu ao homem o modelo da espiritualidade. E a respiração, a pulsação invisível que o homem percebeu no próprio corpo implicou a "descoberta da ideia da alma como o princípio espiritual do ser humano individual"[156] e na atribuição dela às coisas da natureza. Essa ideia, observa Freud, encontrou na ciência positivista um forte opositor, pois as consequências do *spiritus, ruach* e o *Geist* não derivam do saber experimental, mas da presença da alteridade ou outridade, "que tanto enriquece o homem como o angustia e que o leva a buscar a identidade que jamais encontrará".[157]

Na sequência, uma vez que a vida do espírito domina o sensorial e os homens se sentem orgulhosos e enaltecidos, surge o fenômeno "emocional e inteiramente enigmático da crença (*Credo quia absurdum*),[158] que subjuga o espírito. Ocorre, então, um eclipse da espiritualidade e o ato de pensar (raciocinar, refletir e deduzir) se fecha sobre ele mesmo. A partir daí, um pensamento é instituído como crença e aquele que consegue impô-lo aos outros tem seu narcisismo, o amor de si, incrementado por conta da consciência de

---

[156] *O homem Moisés*, p. 158.
[157] Roberto Castro, "Notas sobre el Ruach y el Geist e *O homem Moisés*", p. 65.
[158] *O homem Moisés*, p. 162.

ter superado alguma dificuldade. É nesse sentido, por exemplo, que também se inscreve a sombra projetada pela grandiosa figura de Moisés, a quem Freud atribuirá o papel de *supereu* do povo judeu. Ao introduzir a instância psíquica do supereu no centro das reflexões sobre o processo da espiritualização, Freud não tem outra saída senão retornar à teoria pulsional em termos de força, isto é, de excesso pulsional, signo do desamparo humano, e submissão do afeto às exigências da cultura.

A ideia de renúncia pulsional como causa dos sintomas individuais e/ou coletivos permeia o texto "A moral sexual 'cultural' e o nervosismo moderno" (1908), ainda que Freud tenha batizado aí o fundamento da cultura como "repressão pulsional": a cultura moderna exige do homem "oferecer em sacrifício à divindade um pedaço de sua satisfação pulsional".[159] Qual o custo desse sacrifício? O nervosismo e a neurose. Freud começava, assim, a esboçar o princípio que irá expor em *O mal-estar na cultura* sob o pano de fundo de um outro dualismo pulsional no qual as pulsões sexuais, subsumidas às asas das pulsões de vida, *Eros*, entram em conflito com *Thanatos*, a pulsão de morte: os sintomas acusam um impedimento estrutural da satisfação pulsional plena e estão ligados às transformações histórico-culturais de cada época. É o que hoje constatamos, por exemplo, quando chegam aos nossos consultórios novas formas de expressão da histeria, não mais atreladas

---

[159] S. Freud, "Moral sexual civilizada e o nervosismo moderno", op. cit., vol. IX, p. 16.

ao excesso de repressão cultural, mas ao empuxo de um gozo desenfreado que impede, como lembra Nina Saroldi (2011), o sujeito de experimentar a sexualidade e estabelecer laços sociais prazerosos.

A arquitetura de *O homem Moisés* encontra seus fundamentos no conflito entre as instâncias psíquicas (Eu, Isso, Supereu). O eu se oferece às exigências de renúncia do supereu — "sucessor e o representante dos pais (e educadores) que vigiaram as ações do indivíduo em seu primeiro período de vida; eles continuam a função dos mesmos quase sem modificações".[160] Renunciar visa recompensa: ser amado e amparado pelo pai no desamparo provocado pelas intensidades pulsionais de ordem interna e externa. E quando o eu traz ao supereu, que o trata como um objeto, uma renúncia pulsional, traz à consciência de merecer esse amor que é experimentado com orgulho e autoconfiança. Em termos metapsicológicos: a renúncia pulsional exigida por Moisés a seu povo ajudou a "conter a brutalidade e a inclinação à violência que costumam surgir lá onde o desenvolvimento da força muscular é um ideal do povo".[161] E assim, o grande homem ocupou o lugar da autoridade por amor, para quem os judeus realizam seus feitos.

Mas, no testamento freudiano, o supereu é apresentado como instância de dupla face. Na verdade, a religião de Moisés, o egípcio, em suas dualidades

---

[160] *O homem Moisés*, p. 160.
[161] Idem, p. 159. Para estudo sobre monoteísmo e *O homem Moisés* e a análise da presença escriptológica maciça na psicanálise, cf. *Traço, letra, escrita: Freud, Derrida, Lacan*, de Claudia de Moraes Rego.

fundantes (Moisés, o egípcio, e Moisés, o midianita; Aton e IHVH) é aquela que melhor apresenta os paradoxos do supereu. Numa primeira versão, o supereu, encarnado na figura de Moisés, o "legislador e educador" que deu ao povo a "Torá",[162] delineia a formação do ideal elevado de um povo, apesar da considerável liberdade sexual, isto é um "ganho de prazer, uma satisfação substitutiva"[163] permitida. Da sublime revolução cultural do faraó transmitida por Moisés à introdução da lei mosaica, Freud nos fala do progresso na espiritualidade e não de uma excessiva repressão moral.

No marco de sua outra face, Marta Gerez-Ambertin (2003) faz notar que o supereu aparece representado na figura da culpa enlaçada ao sacrifício. Nessa versão, a subserviência à vontade do outro sobressai: Um anseio pelo pai inerente a cada pessoa desde a infância determina a submissão do povo à excessiva crueldade da vontade divina. Moisés, o midianita, impõe um deus sanguinário e mesquinho, Jeová, aquele que encarna o retorno do pulsional nas falhas da lei e submete os fiéis ao gozo superegoico. Freud se propõe, por meio da bipartição entre os deuses Aton e IHVH, mostrar que a servidão do eu ao supereu "enfatiza a ambivalência que governa toda a relação com o pai e a dualidade do pai-Deus com sua sacralidade desdobrada — pura e impura.[164] As

---

[162] *O homem Moisés*, p. 46.
[163] *O homem Moisés*, p. 160.
[164] Marta G. Ambertine, *As vozes do supereu*, p. 178. A autora está se referindo aqui à análise freudiana do termo *sacer*: "*Sacer* não significa apenas sagrado, consagrado, mas também algo que só podemos traduzir como infame, abominável." Cf. *O homem Moisés*, p. 166.

dualidades Aton e Jeová conjugando o amor e temor — idealização e degradação encarnam as vozes do supereu.

O judaísmo não escapa à economia do excesso de exigência de renúncia pulsional e do apelo ao Pai, como qualquer outra formação religiosa, embora, como dito acima, as leis de Moisés se contentem com uma limitação considerável de liberdade sexual. Porém, resta-nos perguntar sobre o sentido da invenção de um Deus afastado completamente da sexualidade e elevado à categoria de ideal de perfeição ética. "Mas ética é limitação dos impulsos."[165] O que isso significa? Na sequência, Freud aproxima o ideal comum à religião de Aton e ao judaísmo — um modo de vida justo e virtuoso, segundo os registros históricos da religião egípcia e os versos dos profetas bíblicos. Essa é a razão pela qual Freud formula a ideia de que, embora a renúncia aos impulsos e a ética nela fundada possam parecer não pertencer ao conteúdo essencial da religião, ambas estão geneticamente ligadas a ela intimamente. Seria uma armadilha opor ética e religião, porque a formação de um ideal é um processo necessário para suportar e engrandecer o narcisismo dos sujeitos. A preterição da sensualidade aumentou a autoconfiança do povo, despertando interesses espirituais que "em tempos de infortúnios políticos da nação levou-os a apreciar a única posse que lhe restara, a literatura".[166]

Essa passagem é particularmente importante para encaminhar a discussão sobre a diferença entre ideal

---

[165] *O homem Moisés*, p. 160.
[166] Idem, p. 158.

do eu e sublimação. É preciso, então, ainda que rapidamente retornar às formulações de "Introdução ao narcisismo" (1914): um ideal elevado não deve ser o indicativo de que houve sublimação, embora seja verdade que ele possa incitar o sujeito a sublimar forças eróticas e destrutivas. A formação de um ideal tem a ver com a idealização do objeto e a sublimação independe desse estímulo. Enquanto a primeira está atrelada ao recalque e à repressão cultural, o processo sublimatório é uma saída, uma maneira pela qual essas exigências da cultura podem ser atendidas sem envolver os mesmos mecanismos. A sublimação enquanto destino pulsional seria, nesse sentido, uma maneira da pulsão encontrar um meio de expressão que resiste aos mandatos do supereu que se superpõem ao efeito da violência que funda a cultura: à renúncia pulsional estrutural.

Vale então a pena dar um salto e voltar a "O Moisés de Michelangelo" antes de retomar a obra de 1939. Escrito no mesmo ano que o texto freudiano sobre o narcisismo, Freud, como dito na introdução, exalta no texto a proposta ética de Michelangelo: promover o triunfo da espiritualidade sobre a destruição. O ato do Moisés de Michelangelo (proteger as Tábuas da Lei) comporta um *juízo de condenação*. Mas o que vem a ser isso? Trata-se de uma operação subjetiva que inclui dizer um não ao que é imposto. Diferentemente da negativa do recalque ou da repressão das pulsões, o não como resultado do juízo de condenação impulsiona à sublimação. Abre o pensamento à magia da criação, da inspiração: é um sim às forças necessárias a revirar pelo avesso o *Credo in absurdo*: o absurdo é crer na verdade que me é imposta! O que emerge agora na leitura do texto de 1914, à luz das reflexões freudianas sobre o progresso na espiritualidade, é a confirmação de que a ética implica a apreensão subjetiva da heteronomia da lei.

Na sequência, procurarei sustentar a ideia de que, se for possível usar a definição de ética formulada por Peter Pál Pelbart ("conjunto de modalidade e de afirmações singulares e coletivas que emergem da sensibilidade ao excesso intolerável, e que a ele respondem, a cada vez de modo novo"),[167] gostaria de articular à ética em face da desmesura da crueldade na modernidade a noção de "renúncia pulsional" e "limite pulsional" (dois termos com sentidos diferentes, que no texto aparecem como equivalentes). Essa escolha não é aleatória. Ela nos remete à correspondência entre Freud e Romain Rolland: "Se no curso da civilização não aprendermos a distrair nossas pulsões do ato de destruir a nossa própria espécie, se continuarmos a odiar um ao outro por pequenas disputas e matar um ao outro por um ganho mesquinho, se continuarmos a explorar, para nossa destruição mútua, o grande progresso que se fez no controle de recursos naturais, que espécie de futuro nos aguarda?"[168] Observa-se que Freud, longe de evocar um código moral e valores universais para diminuir os imperativos de gozo do supereu cultural, convoca o

---

[167] Peter Pál Pelbart, "Colóquio Aids: Vírus/Vida", in *Cadernos de subjetividade*, p.186.
[168] S. Freud, *Cartas de amor,* op. cit. (carta de 4 de março de 1923).

sujeito à responsabilidade de inventar um estilo próprio capaz de impor limites ao intolerável. E a ética como invenção singular é o que está em causa na psicanálise.

Assim chegamos a uma das mais claras formulações da ética da psicanálise enunciada na primeira das *Novas conferências* (1933). Admitindo que o propósito terapêutico dessa disciplina é "fortalecer o eu, fazê-lo mais independente do supereu, [...] de maneira a poder assenhorear-se de novas partes do isso. Onde isso estava, eu devo advir",[169] Freud encerra a conferência com uma metáfora extremamente curiosa: "É um trabalho da cultura como a drenagem do Zuidersee", o rio que precisou ser drenado quando de sua cheia catastrófica em 1916. Essa conclusão, que faz parte de uma cuidadosa reflexão sobre o *aparelho da alma,* foi curiosamente enunciada, como lembra Berlinsky (1999, p. 197), logo depois de Freud ter admitido, de modo provocativo, que os empenhos terapêuticos da psicanálise se assemelham a certas práticas místicas, ainda que delas se diferencie radicalmente por não ter a pretensão de alcançar uma única e última sabedoria. A psicanálise não promete a cura dos sintomas nem pretende promover a felicidade na cultura. Mas certamente ela está comprometida, desde Freud, em reduzir os estragos e destroços perpetrados pelo homem e com o trabalho de transformar a miséria humana em algo mais suportável.

---

[169] S. Freud, *Nuevas conferencias de introducción al psicoanálisis* (1933), vol. XXII, p. 74.

Conhecendo muito bem as três fontes de sofrimento humano, a morte, a natureza e a facticidade da relação entre os homens, Freud tinha plena consciência de que tal finalidade mereceria vigilância constante. E nesse sentido a escrita de *O homem Moisés*, além de um testamento é também um sinal de alerta. Podemos formulá-lo sob a forma de pergunta: como é possível impedir que a abertura ao Outro promovida pela experiência psicanalítica não seja abduzida pelo discurso religioso? A resposta certamente exigirá de cada analista o compromisso de manter dirigida sua escuta ao estranho/familiar (*Heimlich/unheimlich*).

Pergunte ao cavalo

"O cavaleiro do balde" é o título de um pequeno conto de Franz Kafka, escrito na primeira pessoa do presente, que tem como ponto de partida uma situação bastante real: a falta de carvão no inverno austríaco de 1917, período assolado pela guerra. O narrador está prestes a morrer congelado, "atravessado pelos sopros do gelo" que invadiam sua casa, quando decide apanhar um balde ao pé da "estufa impiedosa" e, de frente para o "céu igualmente sem pena"[170], sai cavalgando naquele objeto vazio. Sua intenção era a de obter do carvoeiro uma pá cheia de carvão. A escrita de Kafka, à medida que avança

---

[170] Todas as expressões entre aspas foram extraídas do próprio conto de Kafka, que está disponível, na tradução de Modesto Carone, em http://biblioteca.folha.com.br/1/17/1995102201.html.

o texto, descortina uma situação de sofrimento muito maior do que a impingida pela própria natureza: a da facticidade das relações entre os homens. No caminho até o carvoeiro, o cavalo do narrador chega a erguê-lo à altura do primeiro andar das casas, transportando-o como se estivesse no dorso de um camelo. A carvoaria fica num subsolo e o cavaleiro tem dificuldades em fazer entender sua súplica por uma pá do carvão. No banco da estufa da casa, a carvoeira, a tricotar, chega a ouvir o apelo, sem se sensibilizar em nenhum momento pelo sofrimento do outro. Convence o marido, que chega a escutar algum ruído, de que não há ninguém lá fora e sobe sozinha para o andar de cima, de onde vinha a voz suplicante e, num ato de puro desprezo, tira o avental e espanta o intruso cavaleiro do balde, como se fosse uma mosca. O balde/cavalo do cavaleiro errante é tão leve que voa com ele para as montanhas geladas, até se perder para nunca mais.

Não é difícil identificar a premonição de Kafka em relação ao que, num futuro bem próximo, viria acontecer sob o beneplácito das trevas da razão, do progresso da ciência e das incontáveis novidades das tecnologias. É o caso de dizer que *O cavaleiro do balde*, por si só, garante ao escritor de Praga o primeiro lugar na fileira dos autores que melhor transmitem, poeticamente, o que Freud reconheceu poucos anos depois como a inexprimível parcela indomável da constituição do psiquismo — o rosto destrutivo da pulsão de morte — que reinou no século XX. Esse saber *avant la lettre* psicanalítica, que sempre atraiu a atenção do psicanalista, revela uma sabedoria cristalina do escritor em relação ao sentido abissal da crueldade humana. Por isso pensei em trazer esse conto, na tentativa de extrair da escrita de Kafka alguns elementos que ilustrem, com precisão, a necessidade e a urgência de, cada vez mais, conquistar na atualidade a herança que Freud legou às futuras gerações de analistas.

Existem alguns fios pelos quais poderia começar, mas escolhi as primeiras elaborações freudianas sobre guerra e destruição, por se tratar do mesmo momento histórico em que o escritor de Praga escreveu seu conto. No limiar da Primeira Grande Guerra, acometido por um forte sentimento de perplexidade e desilusão diante da desrazão que aflorava no coração da civilização moderna, Freud indagava-se atônito: por que todas as conquistas intelectuais e científicas da cultura moderna não foram suficientes para diminuir a violência e a destruição entre os homens? Com um tom de profunda descrença no poder de liderança das nações mais avançadas técnica e cientificamente, e profundamente decepcionado com intelectuais e cientistas que, então, demonstravam uma clara afinidade para com o infernal, transpõe para o papel suas reflexões sob o título "De guerra e morte. Temas da atualidade" (1915). Seu objetivo não era o de explicar a guerra a partir da psicanálise, mas, ao revés, examinar a destruição e a crueldade como realidade do psiquismo. A lógica de sua argumentação foi precisa: se, no homem, amor e ódio intensos convivem conflitantes (ambivalência de sentimentos), e as pulsões são aquilo que são — nem boas nem más, dependendo do destino que seguem na história do sujeito e da civilização —, então os atos cruéis e destrutivos que atingem a civilização não são apenas momentos efêmeros, fadados à superação no futuro. Muito pelo contrário, são acontecimentos inexoráveis que incorporam um elemento radicalmente social e histórico.

Moral da história: impossível erradicar o mal. Na prática, as diferentes intensidades com que a crueldade se manifesta através dos tempos levaram Freud a desconstruir a fantasia de "superioridade" moral das civilizações mais avançadas sobre as mais primitivas, e a defender uma certa unidade da espécie: o sujeito moderno e o selvagem das cavernas podem ser igualmente bárbaros, cruéis e malignos.

Seria então a apreensão da crueldade um dos horizontes mais apropriados ao campo da psicanálise? Essa foi a questão que levou Jacques Derrida (2001) a convocar os herdeiros de Freud para pensar o lugar da pulsão de crueldade nos processos que sustentam a cultura, inclusive no plano da política do Estado e da sociedade. O tema da crueldade aparece em *A interpretação dos sonhos* como algo da ordem constitutiva da subjetividade. É em "Três ensaios sobre a teoria da sexualidade" (1905) que esse afeto é elevado à categoria de pulsão, lado a lado com a pulsão de dominação e seu papel relevante no domínio do outro. Mas a sexualidade não é o único universo conceitual em que Freud circunscreve a crueldade. Em *Introdução à psicanálise e neurose de guerra* (1919), ela é devidamente associada ao conceito de trauma como efração. O saldo dos atos cruéis sofridos ou praticados no front foram as neuroses de guerra que, por sua vez, impossibilitavam o soldado traumatizado de voltar ao campo de batalha. Uma forma de protesto do sujeito contra o papel que lhe era suposto desempenhar no exército. A Primeira Guerra colocou em evidência a estranha e interminável compulsão humana à destruição. Cito Freud:

> [A nova guerra] não é apenas mais sanguinária e mais destrutiva do que qualquer outra guerra de outras eras, devido à perfeição enormemente aumentada das armas de ataque e defesa; é, pelo menos, tão cruel, tão encarniçada, tão implacável quanto qualquer outra que a tenha precedido.[171]

Essa unidade poeticamente descrita entre diferentes guerras que aconteceram ao longo da História revelou o paradoxo, retomado em *O homem Moisés*: o perigo mora ao lado do progresso. Ciência e tecnologia protegem o homem das forças da natureza, trazem bem-estar e mudanças consideráveis à civilização. Mas, por outro lado, concedem poderes desmesurados ao homem moderno, essa espécie de "deus de prótese", conforme a expressão usada em *O mal-estar na cultura*, capaz de mergulhar a civilização na barbárie. O que interessa ressaltar é a convicção de Freud de que a razão serve também ao mal. Chegamos assim ao que Freud não conheceu, o "horror efetivo de Auschwitz", como o situa Arendt,

---

[171] S. Freud, "De guerra e morte. Temas da atualidade", p. 280.

"que é diferente de todas as atrocidades do passado...
Politicamente e legalmente... 'crimes' diferentes não só
no grau de seriedade, mas em essência".[172] O fato de
Freud não ter testemunhado a invenção do extermínio
em massa não impede que usemos alguns de seus pensamentos que facilitam a compreensão desse processo
histórico, violento e catastrófico; a saber:

1) A morte, um dos grandes fatos da vida que era
envolta no esplendor do mistério divino, foi paula-
tinamente sendo dessacralizada na modernidade. O
trabalho de luto do objeto, necessário à subjetividade
mesmo quando se trata de um inimigo a quem se dirige
o ódio, de acordo com as diretrizes de *Totem e tabu*,
começou a esvanecer de nosso horizonte simbólico;

2) A instrumentalização da tecnologia e da ciência
em favor da barbárie tomou o lugar que poderia oferecer bem-estar e segurança aos povos.

Lacan, a partir dessas rotas abertas por Freud e ciente de que na história dos laços sociais o discurso psicanalítico tem seu lugar, circunscreveu o real em jogo
na constituição dos campos de extermínio. Redutos do
sonho de higiene e da raça sob os auspícios da medicina
e da genética, os campos significavam o início do que
"iria se desenvolver no remanejamento dos grupos sociais pela ciência, em sua tentativa de universalização
e normalização da sociedade".[173] Ou seja, a invenção
de máquinas fabricantes de cadáveres — que faziam

---

[172] H. Arendt, *Eichmann em Jerusalém*, p. 290.
[173] J. Lacan, 1969, p. 29.

com que prisioneiros entrassem no ciclo da produção/ consumo (reciclagem sob a forma de sabão) — não pode ser considerada apenas um acidente único da História. Trata-se de um acontecimento inerente ao próprio progresso técnico-científico a serviço do ideal de construção de uma sociedade sem outro.

Um progresso cujos efeitos são narrados, de forma precisa, na obra de alguns escritores. Por exemplo: a narrativa da peça *A bela adormecida na geladeira* (1986), de Primo Levi, conforme análise de Paola Mieli, desvela uma inquietante continuidade entre o que o humano viveu nos campos de extermínio e a normalidade presente. A autora sustenta que a peça enfoca o tema da segregação, legado dos campos, abordando o quanto a lógica racial do passado nazista se intrinca com o presente. Levi explora com acuidade os efeitos da coligação entre "ciência, novas tecnologias e alienação subjetiva, assim como a maneira pela qual a normalidade, a vida tranquila se revelam produto da normatividade biopolítica"[174] à qual estamos há muito tempo nos adaptando simplesmente. Com efeito a biopolítica (o processo de inclusão da vida natural na política do Estado) que nasceu no século XIX, tornou-se, como bem já demonstraram vários estudiosos a partir da obra de Michel Foucault, uma verdadeira "thanatopolítica". Vivemos, conforme as agudas pesquisas de J. Paturet, a era do "extermínio soft", um verdadeiro

---

[174] Paola Mieli. "O marciano prateado: normalidade e segregação na peça a *Bela Adormecida na Geladeira*, de Primo Levi", 2013.

eugenismo banalizado: a reprodução perfeita, a favor da esterilização de sujeitos com déficit cognitivo e de criminosos; assim como a esterilização de mulheres pobres, como forma de lhes roubar o direito de fantasiar, é uma outra das invenções sinistras atuais. Será que o controle de natalidade precisa usar os mesmos métodos que usaram os nazistas com judeus, homossexuais e doentes mentais antes da resolução de exterminá-los? Na contemporaneidade, o ideal da sociedade perfeita, herança do ideal da "raça pura", retorna, mais vivo do que nunca, sob os auspícios da medicina e da genética. Caminharemos para uma exterminotocracia sob os auspícios da "biologização" da vida?

Evidentemente, também assistimos a muitas conquistas no atual estágio da civilização. Mas penso que a opção de perscrutar os efeitos catastróficos de teorias irracionais que atuam, de maneira quase imperceptível, no sujeito contemporâneo submergido entre os intermináveis bens de consumo dos quais é obrigado a gozar é imperiosa. A intervenção do biopoder encontrará, cada vez mais, espaço para reduzir o ser falante à condição de vida nua, privando-o da capacidade da fala que sustenta a singularidade de seu desejo. E, certamente, a biopolítica se encarregará de controlar e disciplinar cada vez mais a população, conforme as previsões de Foucault (1999).

A extensão crescente do poder das neurociências e da neurogenética, conforme faz notar Nestor Braustein (2013), provocou uma mudança na clínica psiquiátrica que, cada vez mais, se submete ao poder da metodologia estatística do DSM (Diagnostic and Statistical Manual of Mental Disorders) e do CID (Classificação Internacional das Doenças). Nesse universo, o sofrimento subjetivo inexiste. Razão pela qual a dor psíquica é tratada exclusivamente por meio de medicamentos. Ou seja, a classificação responde à demanda de uma farmacologia uniformizante da dor. Um mundo medicalizado e robotizado que não poupa nem mesmo crianças e adolescentes aos quais, cada vez mais, é roubado o direito de serem levados. Um mundo produtor, em contrapartida, de uma série de sintomas que acusam insistentemente, a despeito de tudo, a existência de um sujeito faminto do desejo que não pode nomear.

No plano da política, os fundamentalismos judaico, cristão e islâmico reinvidicam, cada um deles, a identidade fixa e imutável, com base em uma única origem, desde a qual se encontra excluída a alteridade subjacente ao próprio fundamento do monoteísmo. Junto à prática da política de identidade reivindicam o essencialismo que favorece a segregação sistemática do outro por meios violentos.[175] Assim, diferentemente de outros grupos religiosos que guardam a tradição, os fundamentalistas "estão ensanguentando o planeta", nas palavras de Sérgio Paulo Rouanet em "Os traumas na modernidade". O filósofo distingue dois períodos "traumatogênicos" na modernidade — o primeiro entre 1914/1945, e o segundo datado do fim da Guerra

---

[175] Sobre as políticas de identidade, ver o artigo de Joanildo A. Burity "Psicanálise, identificação e formação de atores coletivos".

Fria até a contemporaneidade — marcados por uma forte aversão às mudanças culturais e aos processos de relativização dos espaços locais e nacionais. No que tange a nossa contemporaneidade, a resistência incide sobre a globalização e o grande avanço da ciência e tecnologia. É nesse contexto que Rouanet localiza o fundamentalismo como o mais dramático opositor pelo uso sistemático de instrumentos de violência cultural ligados ao terrorismo. Organizado em rede, o terrorismo pode manifestar-se a qualquer instante e em qualquer lugar, traumatizando seriamente a humanidade já bastante sofrida por outras vivências catastróficas: a violência urbana, cada vez mais globalizada, as guerras e a pobreza mortífera que atingem milhares de seres humanos em regiões pobres do planeta.

Apesar de suas diferentes visões de mundo, os três fundamentalismos têm em comum a adesão a um conjunto de ideias teológicas, que funcionam como ideologia, aliadas à prática terrorista. Vejamos: o fundamentalismo islâmico transforma os preceitos essenciais do Direito islâmico — a *shariá* — em armas de terror brutais para combater minorias religiosas do Oriente e enfrentar conflitos políticos com o outro; o fundamentalismo judaico se desviou da errância de Abraão, da estrangeiridade de Ruth, a moabita, e igualmente de Moisés, o egípcio e judeu, e, tendo abandonado o trabalho de arquivamento do Antigo Testamento, perpetra atos de terrorismo político em terras estrangeiras, o fundamentalismo cristão, cuja base é a ênfase na leitura literal da Bíblia, tanto em matérias de fé como em regência da sociedade, cresceu vertiginosamente depois do atentado às torres americanas em 2001, segundo a análise de Rouanet, quando o governo americano decidiu empreender uma verdadeira cruzada contra o eixo do mal (as organizações terroristas islâmicas) por meio de ações terroristas em terras alheias.

A lógica de colocar o outro no lugar de objeto maldito tem como objetivo primeiro justificar o arbítrio e o terror. Nos tempos atuais, a onda de antissemitismo em função do conflito Israel-Palestina retorna não mais sob a acusação de que o judeu é portador de doenças e de sexualidade aberrante, mas, para usar a análise de Freud em *O homem Moisés*, sob a "crença na conspiração dos sábios de Sião",[176] isto é, na fantasia de que os descendentes do império faraônico de Iknaton desejam dominar o mundo. Por outro lado, a manipulação cínica e brutal praticada pelos fundamentalistas da ética e da estética islâmica que legou o Alcorão, a matemática e outros bens à humanidade fomenta o imaginário obsceno do Ocidente, que aguça o sentimento anti-islâmico. O processo de diabolização dos americanos, por parte do fundamentalismo islâmico, chega a ser literal: cidadãos do "grande Satã". Essa radicalização tão selvagem quanto as dirigidas aos judeus e aos islamitas pretende, em nome da religião, semear a morte e a destruição.

---

[176] *O homem Moisés*, p. 125. Os "Protocolos dos Sábios de Sião" descreve um projeto de conspiração por parte dos judeus e maçons de atingirem a dominação mundial. O texto de origem russa é datado de 1897.

Do ponto de vista da psicanálise, observa-se nos três fundamentalismos o abandono efetivo do processo de transmissão da herança arcaica que cada sujeito individual ou coletivo deve conquistar. Em acréscimo ao que já dissemos anteriormente, o fundamentalismo destrói a força da narrativa de sua verdade histórica. Essa questão é grave, pois, nessas condições, o retorno do momento mítico de fundação da linguagem — em sua função de exigir do sujeito um trabalho de elaboração subjetiva — está totalmente impedido. Já conhecemos as consequências maiores desse impedimento: submissão do indivíduo a uma imagem especular marcada pela crença em uma determinada visão de mundo. É justamente aí, se nos permitirmos recorrer a uma das ideias de Derrida em "Fé e Saber" (2000) em relação aos efeitos desse processo, que é possível localizar a religiosidade fundamentalista na obediência cega à ideologia de um retorno fervoroso à cidadania nacional, ao nacionalismo e ao etnocentrismo, conjunturas políticas em que a troca simbólica está, por princípio, excluída. Conjuntura em que, como vimos no segundo capítulo, o universo nazista foi vetor na primeira metade do século XX. Daí a certeza de que a expressão cotidiana do fundamentalismo atual é o terror político.

Parodiando Italo Calvino (2003), para quem retornar à literatura a cada vez que o reino humano parece condenado ao peso da barbárie é um ato necessário, digo a mim mesma, diante do estado atual, que é preciso retornar a Freud. Começarei pelo ensaio "Por que a guerra?" (1933), pela resposta à pergunta de Einstein sobre como salvar o homem da crueldade e da destruição. Com estilo inconfundível, Freud, longe de considerar que a recusa à barbárie seria consequência imediata da lógica da razão, afirma que o horror à guerra e à destruição resultava de renúncias aos incomensuráveis gozos que o homem um dia experimentou. Tais renúncias teriam determinado os "fundamentos orgânicos nas modificações de cânones estéticos e éticos" da humanidade. Indignar-se contra a crueldade, para Freud, é efeito de uma "intolerância constitucional".[177] Apesar de ser plenamente conhecido o fato de que o constitucional não é apenas inato, mas fruto do que se inscreve na infância, no contexto em que essa expressão é usada — "intolerância constitucional" —, provavelmente tenha sido apenas um recurso de retórica freudiana para falar de uma estratégia de combate à destruição cruel que só pode emergir no campo da ética, conforme visto no segmento anterior.

A questão é pensar de que maneira, em nosso século — tempo em que a crueldade está cada vez mais presente na cultura e na civilização, nas formas sangrentas e não sangrentas —, é possível à psicanálise sustentar tal estratégia? Retomo aqui as últimas linhas do artigo "Da guerra e da morte. Temas da atualidade", à proposta de Freud de alterar, por causa dos efeitos da Primeira Guerra, o velho ditado latino "Se queres preservar a paz, prepara-te para a guerra", para: "Se queres suportar a vida, prepara-te para a morte."[178] O

---

[177] S. Freud, "Por que a guerra?", op. cit, vol. XXI, p. 196-7.
[178] Freud, "Da guerra e da morte. Temas da atualidade" (1915), p. 301.

que Freud tinha em mente ao formular essa inversão? O fato de que a "cultura de morte" de seu tempo começava a ultrapassar o transistórico da guerra, a ponto de fazer retornar o gozo cruel anterior a qualquer forma de socialização. Ouçamos suas palavras: "Nós descendemos de uma linha infinitamente grande de assassinos que tinham no sangue o gozo do assassinato, como talvez ainda nós mesmos o tenhamos."[179] É o caso de retornar à "Conferência 31", dessa vez guiada pela interpretação de Žižek da formulação ética "Onde isso estava, eu devo advir", para concluir meu raciocínio. "Eu deveria ousar me aproximar do lugar de minha verdade", uma "verdade insuportável com a qual devo aprender a viver".[180] Com isso, sinto-me em condições de fazer minha própria leitura do enunciado freudiano, "Se queres viver, prepara-te para a morte", ou melhor: "Se queres preservar a vida, aproxima-te da crueldade que, te habita e com a qual deves aprender a viver." Maneira de fazer com que o excesso de crueldade passe à palavra, que diga não ao insuportável. Uma exigência ética e estética, segundo a resposta lapidar de Freud a Einstein. Vale a pena lembrar nesse momento o caso da menina Maria, que teve a coragem de se dar conta de que, para despertar do pesadelo em que se encontrava, precisava reconhecer a crueldade dentro de si mesma.

Nesse caso, voltemos a *o cavaleiro do balde*, que encontra em Italo Calvino um intérprete excepcional.

---

[179] Idem.
[180] S. Žižek, 2010, p. 9.

Kafka, escreve o escritor, talvez quisesse apenas dizer que sair à procura de um pouco de carvão numa fria noite, em tempo de guerra, transforma-se em busca de cavaleiro errante, travessia do cavaleiro no deserto. Entretanto· o fato de que a ideia do balde vazio que eleva o sujeito acima do nível em que se encontra a ajuda alheia, o vazio como "signo de privação do desejo e de busca, que nos eleva a ponto de nossa humilde oração já não poder ser entendida — esse balde abre caminho para reflexões infinitas".[181] Dessa figura polissêmica, Calvino extrai uma proposta contundente aos que, como ele, enfrentavam a crise da linguagem no fim do século XX: sendo o balde vazio signo de uma virtude, a leveza, propõe, ao final da conferência, que a entrada do século XXI pudesse ser feita a cavalo no balde vazio, sem esperar nele encontrar nada além daquilo que seremos capazes de levar.

Qual a lição que o analista pode retirar de "O cavaleiro do balde" e da interpretação que Calvino faz dessa figura, uma vez que Freud também criou poeticamente a metáfora do cavaleiro e seu cavalo errante?

Em plena redação de *A interpretação dos sonhos*, o autor envia uma carta a Fliess, confessando que a escrita da obra que iria inaugurar a psicanálise tinha sido "inteiramente ditada pelo inconsciente, segundo o famoso princípio de Itzig, o cavaleiro dominical: "— Para onde estás indo, Itzig? — E eu sei? Não tenho a menor ideia. Pergunte a meu cavalo!" Ditado pelo inconsciente. Isto é, pelo *Unbewusste*, termo que em

---

[181] Italo Calvino, *Seis propostas para o próximo milênio*, p. 41.

193

alemão pode ser traduzido por "aquilo que não pode ser sabido".[182] O *Witz* do cavaleiro e o cavalo errante voltava seguidamente ao espírito de Freud, como se a obediência do cavaleiro à astúcia do cavalo continuasse a agir através do relato. No próprio livro sobre os sonhos, obra em que justamente introduz o conceito de inconsciente, ele se utiliza do princípio de Itzig para dizer da passagem do desejo inconsciente de uma situação de incomunicabilidade a um tipo de revelação. Anos depois, quando foi necessário construir um novo conceito de aparelho psíquico devido às dificuldades clínicas que enfrentava, Freud traz a mesma imagem: a complexa relação entre o eu e o isso é análoga à do cavaleiro com o cavalo errante, cuja "força superior ele tem que refrear, com a diferença de que o cavaleiro se empenha nisso com suas próprias forças, enquanto o eu o faz com forças emprestadas [do isso]".[183] Observa-se que ao cavaleiro errante são exigidas duas diferentes posições conflitantes: seguir o cavalo e refreá-lo — mas que, em se tratando da prática analítica, devem ser sustentadas simultaneamente, se necessário for.

Não é difícil reconhecer que o cavaleiro do cavalo errante e o cavaleiro do balde são venturosamente parecidos. Errante, deixando-se levar pelo cavalo, o analista deve estar sempre à procura do carvão necessário para (re)escrever a teoria a partir da prática clínica.

---

[182] "Correspondência entre S. Freud & W. Fliess", op. cit. (carta de 7 de julho de 1898).
[183] S. Freud. "O eu e o isso" (1923), op. cit., vol. IX, p. 27.

Poderia ser diferente, se o inconsciente e as pulsões continuam sendo a nossa matéria? Poderia ser de outra forma, se depois de Freud não é mais possível pensar no homem como senhor de sua própria casa?

Havia dito na introdução que a leitura de *O homem Moisés* é uma passagem por um desfiladeiro enigmático. Agora, à luz das aventuras do cavaleiro do cavalo errante, reitero que, para Freud, a prática e teorização da psicanálise são, em ato de pensamento e escrita, um trajeto do mesmo teor. *O homem Moisés* sintetiza a quintessência desse acontecimento, muito mais na forma do que no conteúdo. O autor convida o leitor a percorrer as desfigurações da escrita, espaços irregulares, lacunas, letras soltas sob o branco do texto e, sem o menor constrangimento, revela suas angústias quando percebe naufragarem suas hipóteses. Passagens em que se descompletavam seu raciocínio e que, enfrentando a dor de não saber, capturava, em ato, as operações de continuidade e descontinuidade do tempo do reinventar. Nesses momentos, que não foram poucos, sempre recorria à técnica de perguntar ao "cavalo" por onde prosseguir a aventura do cavaleiro errante. Isso foi o que vimos acontecer, por exemplo, quando o autor se deixou guiar pela literatura histórica até encontrar os dados da revolução egípcia e com eles reafirmar a egipcidade de Moisés. Além dessa visibilidade generosa e transparente, o que domina e guia o esforço de Freud em desvelar o assassinato de Moisés e concluir a construção da verdade histórica do judaísmo é a exatidão e precisão dos conceitos que costuram a obra. São essas operações que sintetizam o florilégio de recomendações de um testamento dirigido aos analistas que saberão fazer da experiência clínica o viveiro de suas descobertas — o balde vazio de Kafka, signo do desejo, de busca pelo outro. Poderia haver uma arma melhor do que perguntar ao "cavalo" para onde ele vai, como prática de resistência à banalização da descoberta freudiana?

A obra de 1939 situa, assim, a problemática da psicanálise na cultura, seja no âmbito clínico-teórico, seja no diálogo que mantém com outras áreas do conhecimento. Prova viva de que o analista deve ocupar a posição paradoxal de estar fora e dentro da cultura, nas fronteiras em que é possível subscrever o intemporal — a pulsão — e o que é da ordem da História. Trata-se, portanto, de defender a excepcionalidade desse e de outros conceitos psicanalíticos, sem perder de vista as novas formas de subjetividade e os movimentos políticos de uma época em que o declínio da função paterna é mais do que evidente, e estranhamente regida por mandatos superegoicos. A urgência de enfrentar os desafios inerentes à nossa contemporaneidade requer do analista repensar sua prática e teoria, e responder, de modo criativo e eficaz, às questões que emergem no século XXI. Nesse sentido, a escrita de *O homem Moisés* é um legado contundente à geração atual de analistas e às próximas que virão.

Afinal, com a escrita de *O homem Moisés*, Freud não nos mostrou que a aventura de cavaleiro errante foi o que lhe permitiu renovar a teoria, ou melhor, restaurá-la no sentido que Walter Benjamin dá ao termo restaurar: (re)inventar, tornar a inventar uma disciplina definitivamente incompleta e inacabada?

REFERÊNCIAS BIBLIOGRÁFICAS

A BÍBLIA. *Nomes (Êxodo)*. CHOURAQUI, André (tradução para o francês e comentários); Tradução para o português E. ROCHA, Ivan & NEVES, Paulo. Rio de Janeiro. Imago Ed., 1996.

A BÍBLIA. *No deserto (Números)*. CHOURAQUI, André (tradução para o francês e comentários); Tradução para o português NEVES, Paulo. Rio de Janeiro. Imago Ed., 1997.

ABRAHAM, Karl. "Amenhotep IV (Echnaton). Contribution psychanalytique à l'étude de sa personnalité et du culte monothéiste d'Athon". In: ABRAHAM, Karl. *Oeuvres complètes I (1907-1914)*. Paris: Éditions Payot, 1965.

ACHA, O. *Freud y el problema de la historia*. Buenos Aires: Prometeo Libros, 2007.

ARENDT, H. "The Jew as Pariah. Jewish Identity and Politics". *Modern Age*. Nova York: Grove Press, 1978.

_____·*Eichmann em Jerusalém*. Rio de Janeiro: Zahar, 2000.

_____·*As origens do totalitarismo: antissemitismo, instrumento de poder*. São Paulo: Documentário, 1975.

ASSMANN, Jan. *Moses the Egyptian: The Memory of Egypt in Westers Monothism*. Massachusetts: *Harvard University, 1998*.

BALMÈS, François. *El nombre, la ley, la voz: Freud y Moisés, escrituras del padre 2*. Barcelona: Editorial del Serbal, 1999.

BANON, D. *La Lecture infinie: le voies de l'interpretation midrachique*. Paris: Seuil, 1987.

BAUMAN, Zygmunt. *Modernidade e Holocausto*. Rio de Janeiro: Jorge Zahar Editor, 1998.

BENJAMIN, W. *Magia e técnica, arte e política: ensaios sobre literatura e história da cultura*. São Paulo: Brasiliense, 1994 (Obras escolhidas. vol. I).

BELINSKY, Jorge. *El retorno del padre: ficción, mito y teoría en psicoanálisis*. Barcelona: Editorial Lumen, 1991.

BORGES, J.L. "El idioma analítico de John Wilkins". In: BORGES, *Obras completas*. Buenos Aires: Emecé Editores, 1974.

BIRMAN, Joel. "Arquivo e mal de arquivo: uma leitura de Derrida sobre Freud". *Nat. hum.*, jun 2008, vol.10, nº 1, p. 105-128.

BRAUSTEIN, Néstor A._*Classificar en psiquiatria*. México: Siglo XXI, 2013.

CALVINO, Italo. *Seis propostas para o próximo milênio*. São Paulo: Companhia das Letras, 1990.

CARNEIRO LEÃO, E. "O problema filosófico da lógica". In: *Razão/Desrazão*. Vozes: Petrópolis, 1992.

CARUTH, C. *Unclaimed Experience: Trauma, Narrative and History*. Baltimore: John Hopkins University Press, 1996.

CASTRO, R; CHAMIZO, O; NERI, M, A, Z. *Espectros del psicoanálisis — El delírio*. México: Candiani, 1999.

CERTEAU, Michel de. *Historia y psicoanálisis*. México: Alfonso Mendida, 1995.

CHOURAQUI, André. *Moisés, profeta do mundo moderno?* Porto Alegre: Divisão Editorial Instituto Piaget, 1995.

COUTINHO JORGE, M. A. "O real e o sexual: do inominável ao pré-conceito". In: QUINET, A. & JORGE, Marco Antonio C. (orgs.). *As homossexualidades na psicanálise*. São Paulo: ABDR, 2013.

DERRIDA, J. *Mal de arquivo, uma impressão freudiana*. Rio de Janeiro: Relume Dumará, 2001.

_____.*Estados-da-alma da psicanálise — o impossível para além da soberana crueldade.* São Paulo: Escuta, 2001.

_____."Fé e saber". *A religião.* (org. Derrida, J. & Vattimo, G.) São Paulo: Estação Liberdade, 2000.

FELMAN, S. *O inconsciente jurídico: o julgamento dos traumas no século XX.* São Paulo: Edipro, 2014.

FLORENCE, Jean. "As identificações". In: TAILLANDIER et al., *As identificações na teoria e na clínica psicanalítica.* Rio de Janeiro: Relume Dumará, 1994.

FREUD, S. *Obras completas.* Buenos Aires: Amorrortu Editores, 1976.

_____.*A interpretação dos sonhos.* Volumes I e II. Porto Alegre: L&PM, 2014.

_____.*Totem e tabu.* Porto Alegre: L&PM, 2013a.

_____.*Psicologia das massas e análise do eu.* Porto Alegre: L&PM, 2013b.

_____.*O mal-estar na cultura.* Porto Alegre: L&PM, 2010a.

_____.*O futuro de uma ilusão.* Porto Alegre: L&PM, 2010b.

_____.*O homem Moisés e a religião monoteísta.* Porto Alegre: L&PM, 2014.

_____.*A correspondência completa de Sigmund Freud para Wilhelm Fliess 1887/1904.* Rio de Janeiro: Imago, 1986.

_____.*Correspondência de amor e outras cartas (1873-1939).* Rio de Janeiro: Editora Nova Fronteira, 1982.

_____.*Diário de Sigmund Freud (1929-1939): crônicas breves.* Porto Alegre: Artmed Editora, 2000.

_____. & ABRAHAM K. *Correspondência (1907-1926)* Barcelona: Gedisa, 1979.

_____. & -SALOMÉ, L. A. *Freud/Lou Andreas-Salomé correspondência completa.* Rio de Janeiro: Imago, 1975

_____. & ZWEIG, S. *Correspondência Freud-Zweig*. Buenos Aires: Grancia, 1974.

FOUCAULT, M. *História da sexualidade I. A vontade de saber*. Rio de Janeiro: Graal, 1999.

FUKS, B. B. *Freud e a judeidade: a vocação do exílio*. Rio de Janeiro: Jorge Zahar Editor, 2000.

GEREZ-AMBERTIN, M. *As vozes do supereu*. Porto Alegre: Editora de Cultura, 2003.

GINZBURG, C. *Mitos, emblemas, sinais: morfologia e história*. São Paulo: Frederico Carotti, 1989.

JABLONKA, E. & LAMB, M. *Evolução em quatro dimensões*. São Paulo: Companhia das Letras, 2010.

KARSENTI, Bruno. *Moïse et l'idée de peuple*. Paris: Les Éditions du Cerf, 2012.

KATZ, S.C. *O complexo de Édipo: A multiplicidade Edípica*. Rio de Janeiro: Civilização Brasileira, 2009. (Coleção Para ler Freud).

KOLTAI, C. *Totem e tabu: um mito freudiano*. Rio de Janeiro: Civilização Brasileira, 2010. (Coleção Para ler Freud).

_____. *Política e psicanálise: O estrangeiro*. São Paulo: Escuta, 2000.

KOREN, Daniel. "Destinos do pai". In: FUKS, Betty B. J. J. BASUALDO, Carina J. BRAUNSTEIN, Néstor A. (orgs.). *100 anos de totem e tabu*. Rio de Janeiro: Contracapa, 2013.

KUPFERBERG, M. "Zonas de silêncio e segredo familiar: transmissão interrompida". In: SCHWEIDSON, E. (org.). *Memórias e cinzas: vozes do silêncio*. São Paulo: Perspectiva, 2009.

ACAN, J. "Conférences et entretiens dans les universités nord-americaines". In: *Slicet* 6/7. Paris: Seuil, 1976.

———.*O Seminário, livro 4. A ética da psicanálise*. Rio de Janeiro: Jorge Zahar Editor, 1988.

———.*Escritos*. Rio de Janeiro: Jorge Zahar Editor, 1998.

———.*Outros escritos*. Rio de Janeiro: Jorge Zahar Editor, 2003.

———.*O Seminário, livro 17. O avesso da psicanálise*. Rio: Jorge Zahar Editor, 1988.

———.*Nomes-do-Pai*. Rio de Janeiro: Jorge Zahar Editor, 2005.

LEMÉRER, Brigitte. *Los dos Moisés de Freud (1914-1939): Freud y Moisés, escrituras del padre I*. Barcelona: Ediciones del Serbal, 1999.

LEVALLOIS, Anne. *Une Psychanalyste dans l'histoire*. Paris: Éditions Campagne Première, 2007.

LISPECTOR, C. *Um sopro de vida*. Rio de Janeiro: Nova Fronteira, 1978.

LO BIANCO. "O que a comparação entre a tradição religiosa e os novos movimentos religiosos nos ensina sobre o sujeito hoje?" *Estudos de Psicologia* 12 (2), Revista da Universidade Federal do Rio Grande do Norte, 2007.

MIELI, P. "o marciano prateado: normalidade e segregação na peça *A bela adormecida na geladeira* de Primo Levi. *Tempo psicanalítico*, vol. 45, nº 1. Rio de Janeiro, 2013.

MILLER, J.-A. "Prêambulo". In: J. Lacan, *Nomes-do-Pai*. Rio de Janeiro: Zahar, 2005.

MILNER, J.C. *Las inclinaciones criminales de la Europa democrática*. Buenos Aires: Manantial, 2007.

MORAES REGO, C. *Traço, letra, escrita: Freud, Derrida, Lacan*. Rio de Janeiro: 7 letras, 2006.

NESTROVSKY, A. & SELLIGMANN-SILVA, M. *Catástrofe e representação*. São Paulo: Escuta, 2000.

NICEAS, C.A. *Introdução ao narcisismo: o amor de si*. Rio de Janeiro: Civilização Brasileira, 2013. (Coleção Para ler Freud.)

O Novo Testamento, *Epistolas aos Gálatas*. Disponível em www.bibliaonline.com.br.

PATURET, J-B. *"Au-delà" de Freud: "une culture de l'extermination?"* Paris: CERF, 2009.

PIRILIAN, H. *Genocidio y transmisión*. México/Buenos Aires: Fondo de Cultura, 2000.

RABINOVITCH, S. *A foraclusão: presos do lado de fora*. Rio de Janeiro: Jorge Zahar Editor, 2001.

_____. *Escrituras del asesinato. Freud y Moisés: escrituras del padre 3*. Barcelona: Ediciones del Serbal, 1999.

RABINOVITCH, N. *El Nombre del Padre: articulación entre la letra, la ley y el goce*. Mendonza: HomoSapiens, 2000.

RANK, O. *El mito del nacimiento del héroe*, Buenos Aires: Paidos, 1961

REY-FLAUD, Henri. *"Et Moïse créa les Juifs..." Le Testament de Freud*. Paris: Éditions Flammarion, 2006.

ROUANET, S. P. "Os traumas da modernidade". In: *Traumas* (org. Rudge. A. M.). São Paulo: Escuta, 2006.

ROUDINESCO, E. *História da Psicanálise na França*, Volume I, Rio de Janeiro: Zahar, 1989.

ROSA, J. G. (1988) "A terceira margem do rio". In: _____. *Primeiras estórias*. Rio de Janeiro: Nova Fronteira, 2005.

RUDGE, A. M. & FUKS B., "Perspectivas da crítica freudiana à cultura". In: BRAUNSTEIN, N. & FUKS, B. (orgs.). *100 anos de novidade: a moral sexual cultural e o nervosismo modernos de S. Freud*. Rio de Janeiro: Contracapa, 2011.

RUDGE, A. M. *Traumas*. Rio de Janeiro: Zahar, 2010

SAFATLE, V. *Fetichismo — colonizar o outro*. Rio de Janeiro: Civilização Brasileira, 2010 (Coleção Para ler Freud).

SAID, E. *Freud e os não europeus*. São Paulo: Boitempo. 2004.

SANTNER, E. L. *A Alemanha de Schreber*. Rio de Janeiro: Zahar, 1997.

SAROLDI, N. *O mal-estar na cultura — as obrigações do desejo na era da globalização*. Rio de Janeiro: Civilização Brasileira, 2011. (Coleção Para ler Freud).

SCHWEIDSON, E. (org.) *Memórias e cinzas: vozes do silêncio*. São Paulo: Perspectiva, 2009.

SELIGMANN-SILVA, M. "Narrar o trauma — A questão dos testemunhos de catástrofes históricas". *Psicologia clínica* nº. 20. Rio de Janeiro: PUC, 2008.

SIMITIS, Ilse G. *El Estudio de Freud sobre Moisés: Um sueño diurno*. Buenos Aires: Imago Mundi, 2006.

STAVRAKAKIS, Yannis. *Lacan y lo político*. Buenos Aires: Prometeo Libros, 2007.

VIDAL, E. "Facticidades" In: SCHWEIDSON, E. (org.). *Memórias e cinzas, vozes do silêncio*. São Paulo: Perspectiva, 2009.

YERUSHALMI, Yosef Hayim. *O Moisés de Freud: judaísmo terminável e interminável*. Rio de Janeiro: Imago, 1972.

ŽIŽEK, S., *Como ler Lacan*. Rio de Janeiro: Zahar, 2010.

_____. *O amor impiedoso* [ou: *Sobre a crença*]. Belo Horizonte: Autêntica, 2012.

CRONOLOGIA DE SIGMUND FREUD

1856: Sigmund Freud nasce em Freiberg, antiga Morávia (hoje na República Tcheca), em 6 de maio.

1860: A família Freud se estabelece em Viena

1865: Ingressa no *Leopoldstädter Gymnasium*.

1873: Ingressa na faculdade de medicina em Viena.

1877: Inicia pesquisas em neurologia e fisiologia. Primeiras publicações (sobre os caracteres sexuais das enguias).

1881: Recebe o título de doutor em medicina.

1882: Noivado com Martha Bernays.

1882-5: Residência médica no Hospital Geral de Viena.

1885-6: De outubro de 1885 a março de 1886, passa uma temporada em Paris, estagiando com Charcot no hospital Salpêtrière, período em que começa a se interessar pelas neuroses.

1884-7: Dedica-se a estudos sobre as propriedades clínicas da cocaína, envolve-se em polêmicas a respeito dos efeitos da droga.

1886: Casa-se com Martha Bernays, que se tornará mãe de seus seis filhos.

1886-90: Exerce a medicina como especialista em "doenças nervosas".

1892-5: Realiza as primeiras pesquisas sobre a sexualidade e as neuroses; mantém intensa correspondência com o otorrinolaringologista Wilhelm Fliess.

1895: Publica os *Estudos sobre a histeria* e redige *Projeto de psicologia para neurólogos*, que só será publicado cerca de cinquenta anos depois.

1896: Em 23 de outubro, falece seu pai, Jakob Freud, aos 80 anos de idade.

1897-9: Autoanálise sistemática; redação de *A interpretação dos sonhos*.

1899: Em 15 de novembro, publicação de *A interpretação dos sonhos*, com data de 1900.

1901: Em setembro, primeira viagem a Roma.

1902: Fundação da "Sociedade Psicológica das Quartas-Feiras" (que em 1908 será rebatizada de Sociedade Psicanalítica de Viena). Nomeado professor titular em caráter extraordinário da Universidade de Viena; rompimento com W. Fliess.

1903: Paul Federn e Wilhelm Stekel começam a praticar a psicanálise.

1904: *Psicopatologia da vida cotidiana* é publicada em forma de livro.

1905: Publica *Três ensaios sobre a teoria da sexualidade*, *O caso Dora*, *O chiste e sua relação com o inconsciente*. Edward Hitschmann, Ernest Jones e August Stärcke começam a praticar a psicanálise.

1906: C. G. Jung inicia a correspondência com Freud.

1907-8: Conhece Max Eitingon, Jung, Karl Abraham, Sándor Ferenczi, Ernest Jones e Otto Rank.

1907: Jung funda a Sociedade Freud, em Zurique.

1908: Primeiro Congresso Psicanalítico Internacional (Salzburgo). Freud destrói sua correspondência. Karl Abraham funda a Sociedade de Berlim.

1909: Viagem aos Estados Unidos, para a realização de conferências na Clark University. Lá encontra Stanley Hall, William James e J. J. Putman. Publica os casos clínicos *O homem dos ratos* e *O pequeno Hans*.

1910: Congresso de Nuremberg. Fundação da Associação Psicanalítica Internacional. Em maio, Freud é designado membro honorário da Associação Psicopatológica Americana. Em outubro, funda o Zentralblatt für Psychoanalyse.

1911: Em fevereiro, A. A. Brill funda a Sociedade de Nova York. Em maio, Ernest Jones funda a Associação Psicanalítica Americana. Em junho, Alfred Adler afasta-se da Sociedade de Viena. Em setembro, realização do Congresso de Weimar.

1912: Em janeiro, Freud funda a revista *Imago*. Em outubro, Wilhelm Stekel se afasta da Sociedade de Viena.

1912-14: Redige e publica vários artigos sobre técnica psicanalítica.

1913: Publica *Totem e tabu*.

1913: Em janeiro, Freud funda a Zeitschrift für Psychoanalyse. Em maio, Sándor Ferenczi funda a Sociedade de Budapeste. Em setembro, Congresso de Munique. Em outubro, Jung corta relações com Freud. Ernest Jones funda a Sociedade de Londres.

1914: Publica *Introdução ao narcisismo*, *História do movimento psicanalítico* e redige o caso clínico *O homem dos lobos*. Em abril, Jung renuncia à presidência da Associação Internacional. Em agosto, Jung deixa de ser membro da Associação Internacional.

1915: Escreve o conjunto de artigos da chamada Metapsicologia, nos quais se inclui *As pulsões e seus destinos, Luto e melancolia* (publicado em 1917) e *O inconsciente.*

1916-17: Publicação de *Conferências de Introdução à Psicanálise*, últimas pronunciadas na Universidade de Viena.

1917: Georg Grodeck ingressa no movimento psicanalítico.

1918: Em setembro, Congresso de Budapeste.

1920: Publica *Além do princípio do prazer*, no qual introduz os conceitos de "pulsão de morte" e "compulsão à repetição"; início do reconhecimento mundial.

1921: Publica *Psicologia das massas e análise do ego.*

1922: Congresso em Berlim.

1923: Publica *O ego e o id*; descoberta de um câncer na mandíbula e primeira das inúmeras operações que sofreu até 1939.

1924: Rank e Ferenczi manifestam divergências em relação à técnica analítica.

1925: Publica *Autobiografia* e *Algumas consequências psíquicas da diferença anatômica entre os sexos.*

1926: Publica *Inibição, sintoma e angústia* e *A questão da análise leiga.*

1927: Publica *Fetichismo* e *O futuro de uma ilusão.*

1930: Publica *O mal-estar na civilização*; entrega do único prêmio recebido por Freud, o prêmio

Goethe de Literatura, pelas qualidades estilísticas de sua obra. Morre sua mãe.

1933: Publica *Novas conferências de introdução à psicanálise*. Correspondência com Einstein publicada sob o título de *Por que a guerra?* Os livros de Freud são queimados publicamente pelos nazistas em Berlim.

1934: Em fevereiro, instalação do regime fascista na Áustria, inicia o texto *Moisés e o monoteísmo*, cuja redação e publicação continuam até 1938/39.

1935: Freud é eleito membro honorário da British Royal Society of Medicine.

1937: Publica *Construções em análise* e *Análise terminável ou interminável*.

1938: Invasão da Áustria pelas tropas de Hitler. Sua filha Anna é detida e interrogada pela Gestapo. Partida para Londres, onde Freud é recebido com grandes honras.

1939: Em 23 de setembro, morte de Freud, que deixa inacabado o *Esboço de psicanálise*; seu corpo é cremado e as cinzas colocadas numa urna conservada no cemitério judaico de Golders Green.

OUTROS TÍTULOS DA COLEÇÃO PARA LER FREUD

A interpretação dos sonhos — A caixa-preta dos desejos, por John Forrester

A psicopatologia da vida cotidiana — como Freud explica, por Silvia Alexim Nunes

Além do princípio do prazer — Um dualismo incontornável, por Oswaldo Giacoia Jr.

As duas análises de uma fobia em um menino de cinco anos — O pequeno Hans — a psicanálise da criança ontem e hoje, por Celso Gutfreind

As pulsões e seus destinos — Do corporal ao psíquico, por Joel Birman

Compulsões e obsessões — uma neurose de futuro, por Romildo do Rêgo Barros

Fetichismo — colonizar o outro, por Vladimir Safatle

Histeria — O princípio de tudo, por Denise Maurano

Introdução ao narcisismo — O amor de si, por Carlos Augusto Nicéas

Luto e melancolia — À sombra do espetáculo, por Sandra Edler

O complexo de Édipo — Freud e a multiplicidade edípica, por Chaim Samuel Katz

O Inconsciente — Onde mora o desejo, por Daniel Omar Perez

O mal-estar na civilização — As obrigações do desejo na era da globalização, por Nina Saroldi

Projeto para uma psicologia científica — Freud e as neuro-ciências, por Benilton Bezerra Jr.

Psicologia das massas e análise do eu — Solidão e multidão, por Ricardo Goldenberg

Totem e tabu — Um mito freudiano, por Caterina Koltai

Este livro foi composto na tipologia ITC Berkeley
Oldstyle Std Medium, em corpo 11/14,5, e
impresso em papel off-white no Sistema Cameron
da Divisão Gráfica da Distribuidora Record.